삶, 직장에서 흔들리는 나를 위해

# STANDING

## 직무 스트레스 해소 워크북

문광수 · 조성근 공저

학지사

## 서문

### 삶의 무게 속에서도, 나를 잃지 않기 위하여

살다 보면, 어느 날 문득 이런 생각이 들 때가 있습니다.

'나는 지금 잘 살고 있는 걸까?'

아침에 눈을 뜨자마자 시작되는 일과의 압박, 끊임없는 소통, 책임감, 미래에 대한 불안…… 몸은 움직이고 있지만, 마음은 자꾸만 제자리에 멈춰 있는 듯한 나날들. 누군가에겐 그게 월요일 아침일 수도 있고, 다른 누군가에겐 평범한 수요일 오후일지도 모릅니다.

그럴 때 우리를 짓누르는 건 단순히 일 자체만이 아닙니다. 그 일을 감당하며 '괜찮은 체'하고 살아야 한다는 무언의 부담이죠. 사실 많은 사람이 말하지 않을 뿐, 우리 모두는 각자의 이유로 숨 가쁘게 버텨 내고 있습니다. 마음속에는 늘 해야 할 일과 감정의 파도가 동시에 일렁이고 있는데, 정작 그것들을 다루는 법은 배우지 못한 채 살아온 경우가 많습니다.

『삶, 직장에서 흔들리는 나를 위해: STANDING』은 바로 그 지점에서 시작된 워크북입니다. 이 책의 제목은 단지 물리적으로 '서 있다'는 의미가 아닙니다. 삶의 무게에 주저앉고 싶은 순간에도, 다시

금 중심을 잡고 나 자신으로 살아가기 위한 마음의 자세를 뜻합니다. 흔들리면서도 무너지지 않기 위한, 그리고 다시 천천히 일어설 수 있는 내면의 힘을 함께 찾아가고자 합니다.

정신분석학자 지그문트 프로이트는 이런 말을 남겼습니다.

**"일과 사랑, 사랑과 일, 이게 인생의 전부다."**

그만큼 우리는 '일'에서 많은 시간을 보내고, 그 안에서 존재의 의미를 찾기도 하며, 때로는 정체성을 잃기도 합니다. 일은 삶의 큰 축이자, 동시에 스트레스의 가장 큰 원천이기도 합니다. 하지만 어쩌면 그 스트레스의 정체는 일 자체가 아니라, '일을 대하는 나의 마음' 일 수 있습니다.

우리는 완벽한 사람이 아니기에, 언제든 지치고 흔들릴 수 있습니다. 중요한 건, 그럴 때마다 스스로 다그치기보다는 내 마음이 보내는 신호에 귀를 기울이는 것입니다. 스트레스는 삶이 보내는 '멈춤'의 메시지일지도 모릅니다. 잠시 숨을 고르고, 나를 다시 살피라고요.

이 워크북에는 단순한 이론이 아닌, 실제로 삶에 적용해 볼 수 있는 질문과 활동이 담겨 있습니다. 나의 스트레스 신호를 인식하고, 감정의 흐름을 따라가며, 다시 나다운 리듬을 회복하는 여정을 돕는 도구들이지요. 누구보다 열심히 살아온 당신이, 이제는 조금 더 나 자신을 돌볼 수 있도록 말입니다.

이 책은 빠르게 넘기며 해치우는 책이 아닙니다. 오히려 천천히,

때론 멈춰서 생각하고 써 내려가는 과정 속에서 나와 대화를 나누는 책입니다. 완벽하게 채워 넣지 않아도 괜찮습니다. 중요한 건 당신이 이 책을 펼치고 있다는 사실 그 자체입니다. 그것만으로도 이미 당신은 다시 '서기 위한' 첫걸음을 내딛는 것입니다.

삶은 누구에게나 어렵고, 버거운 날은 누구에게나 찾아옵니다. 하지만 우리는 그 속에서도 스스로 지탱할 수 있는 힘을 발견할 수 있습니다. 『삶, 직장에서 흔들리는 나를 위해: STANDING』이 그 여정에 작은 동반자가 되어 드리기를 바랍니다.

마지막으로, 이 책이 세상에 나올 수 있도록 아낌없는 지지와 격려를 보내 주신 학지사 김진환 사장님께 깊은 감사의 마음을 전합니다. 세심한 손길로 편집과 진행을 도와주신 편집부 박수현 님 그리고 언제나 조용히 곁을 지키며 지지해 준 가족에게도 진심으로 감사드립니다.

2026년 1월

문광수, 조성근

# 차례

## 제3부 나, ______의 스트레스 다루기 71



## 제4부 나, ______ 긍정하기 111

## 프로그램 시작

**직무 스트레스를 넘어선 새로운 삶의 시작**(Beyond Job Stress)

'Standing'

직무 스트레스에 대한 힐링을 넘어, 이를 예방할 수 있는 마음의 힘과 실천력을 키워 스스로 자신감 있게 살아간다는 의미예요.

**'힐링을 넘어 우뚝 서기'**

Standing과 처음 만나는 기대감을 짧은 문장으로 표현해 주세요!

**다른 참가자들의 기대 예시**

- 스트레스가 있어도 잘 살 수 있는 방법을 알고 싶어요.
- 조금이라도 마음이 편해지고 싶어요.
- 스트레스를 이기는 방법을 알고 싶어요.
- 제가 스트레스에 어떻게 반응하고 대응하는지 알고 싶어요.

**나의 기대**

## 소확행 발견하기

활동에 앞서 소소하지만 확실한 행복을 발견하는 시간을 가질 거예요. 다음의 순서에 따라 편한 마음으로 즐겁게 활동해 봅시다.

**동그라미에 나의 일과를 적어 봅시다. 동그라미는 내가 출근하는 날의 하루 24시간을 의미해요. 나의 일과에 따라 칸으로 나누고 칸마다 내가 하는 일을 적어 봅시다. [만약 다른 날(휴일)의 동그라미를 채우고 싶다면 '하루 일과'를 사용해 주세요]**

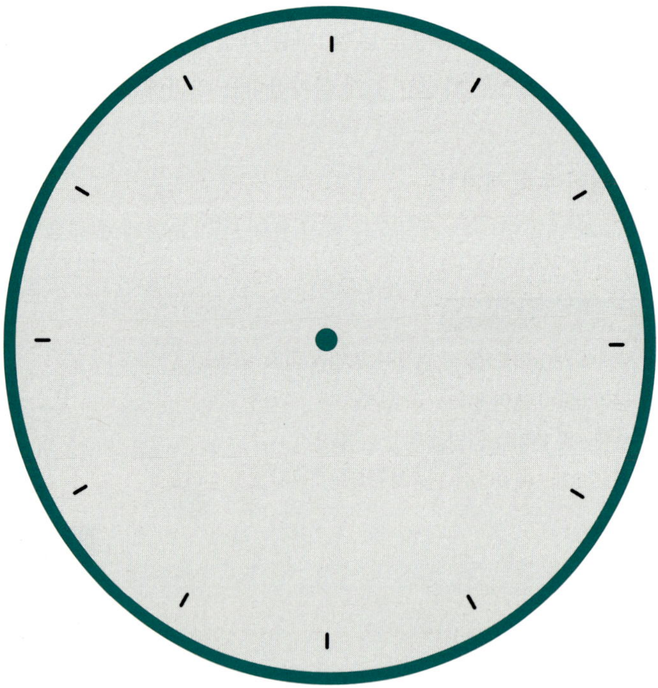

□ 다른 날(휴일)의 '하루 일과' 채우기

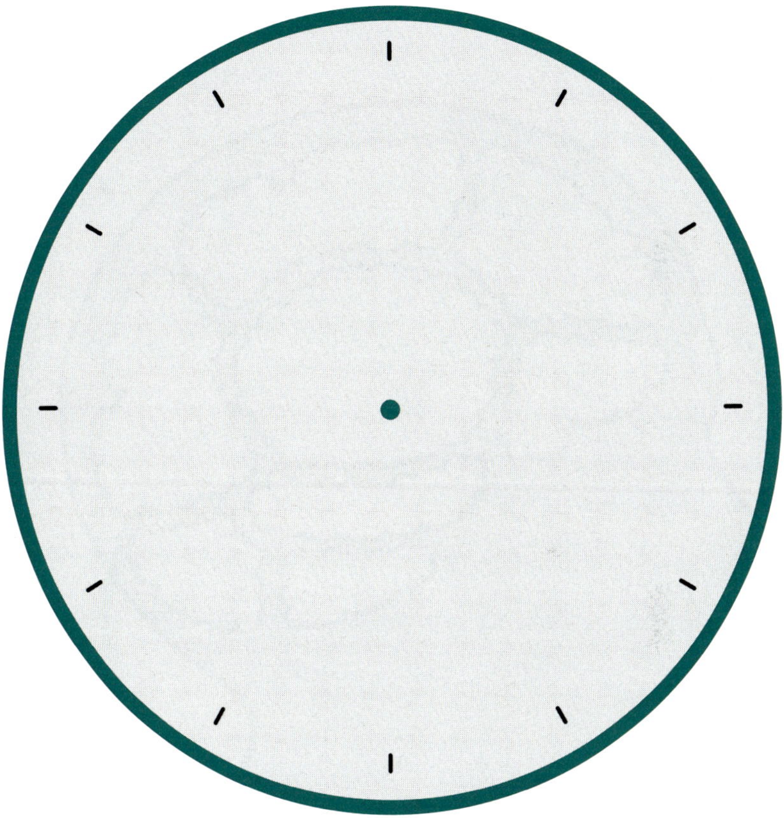

나를 활기차게 만드는 행동이나 활동 혹은 내가 좋아하는 것들을 자유롭게 적어 봅시다. 그림을 그려도 좋고, 마인드맵으로 작성하는 등 나만의 방식으로 나를 즐겁게 하는 행동이나 활동을 표현해 봅시다.

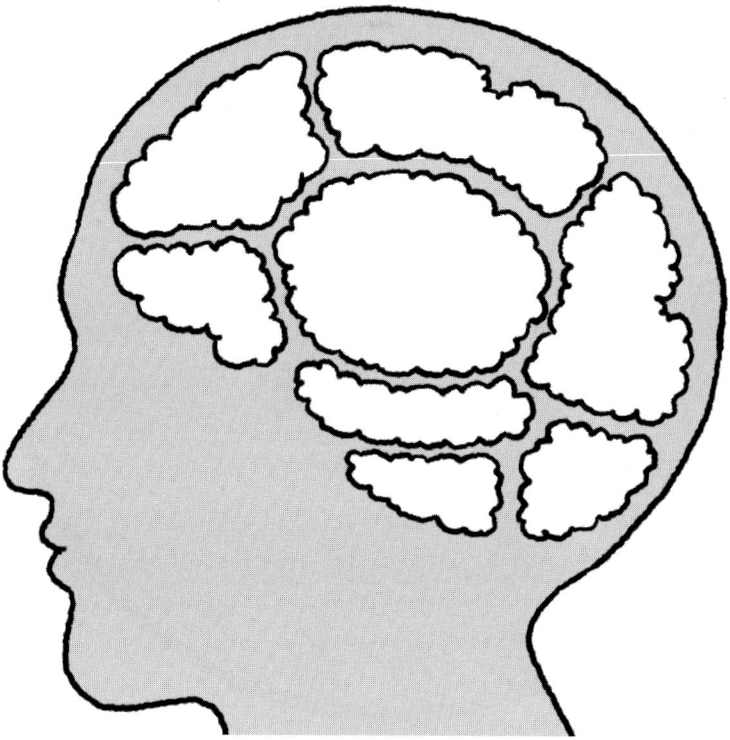

## 마인드 맵

나의 일과 동그라미(p. 10)와 마인드맵(p. 11)의 행동이나 활동을 비교해 봅시다. 일과 동그라미 중 마인드맵에 적힌 즐거운 일은 얼마나 있나요? 나의 하루에서 나를 행복하고 즐겁게 하는 일은 얼마만큼 차지하고 있나요?

나의 일과 중 마인드맵(p. 11)에 적은 행동이나 활동의 비율이 본인이 예상하거나 원했던 만큼 하루 중 골고루 배치되었는지 확인해 봅시다. 만약, 행동이나 활동의 비율이 본인이 생각했던 분량보다 적다면 이 시간을 더 늘리는 방법을 생각해 봅시다. (평일이 어렵다면 주말도 고려해 봅시다)

**나를 즐겁게 하는 행동이나 활동을 어떻게 늘릴 수 있을까요?**

①

②

③

**덧붙이기**

하루의 모든 시간 구간에서 즐거운 일을 한 가지씩 발견하는 훈련을 해 봅시다. 스트레스가 누적되면 즐거운 일들은 무시되고, 유독 짜증스럽고 화나는 일들만 눈에 들어옵니다. 즐거운 일을 생각하는 것은 스스로의 선택이고 권리이지만 누리는 사람이 많지 않습니다.

즐거운 일을 발견했더라도 부정적인 생각과 감정이 방해해서 제대로 실행하지 못했을 가능성도 큽니다. 예를 들어, 피아노를 치면 기분이 좋아지지만, 잘 치지 못한다고 생각해서 안 치게 되는 거죠. 따라서 생활 속 즐거운 일을 발견하는 동시에 부정적인 생각이나 감정을 잘 조절하는 일도 반드시 함께해야 합니다.

앞의 활동을 통해 나에 대해 더 잘 알게 되었나요? 그리고 이 워크북과 친밀해진 느낌이 들었나요? 그렇다면 이제 본격적으로 Standing 프로그램에 참여해 봅시다!

## 프로그램의 목적과 규칙

### 이 프로그램의 목적

스트레스가 있음에도 지금보다 좀 더 편안하고 자유롭게 '나의 삶(my life)'을 살아갈 수 있는 방법을 배우는 데 있습니다.

**이 프로그램의 효과를 높일 수 있는 방법**

1. 급하지 않으니 천천히 해도 됩니다.

2. 하루에 조금씩(5~10분) 하더라도 끝까지 참여해 주세요.

3. 이 프로그램에 주어진 활동 및 과제를 성실히 수행해 주세요.

4. 솔직하게 반응해 주세요.

## STANDING 프로그램 참여 서약서

본 직무 스트레스 STANDING 프로그램의 목적은 스트레스가 있음에도 지금보다 좀 더 편안하고 자유롭게 '나의 삶(my life)'을 살아갈 수 있는 방법을 배우는 데 있습니다.

나 (                    )은/는 스트레스를 해소하고 예방할 수 있는 본 프로그램에 참여하는 데 있어 다음의 규칙을 마음에 새기며 성실하게 참여할 것을 다짐합니다.

첫째, 나 자신을 솔직하게 표현하겠습니다.

둘째, 이 프로그램에 끝까지 참여하겠습니다.

셋째, 내 삶이 변할 수 있다고 믿겠습니다.

넷째, 현재의 내가 어떻게 하느냐에 따라 미래의 내 모습이 변할 수 있다고 믿겠습니다.

년 월 일

이름: (서명)

# 제1부

# 나, ＿＿＿＿＿의 스트레스 이해하기

(* 밑줄 안에 본인의 이름이나 닉네임을 적어 주세요)

"가장 먼저 스트레스의 개념과 위험성을 알아보고
나의 직무 스트레스 수준을 평가해 봅시다."

스트레스는 우리의 형편과 상관없이 어떤 대상에 대해 너무 심각하게 생각할 때, 다시 말해 문제의 심각성을 너무 부풀려 생각할 때 생긴다.

– 리처드 칼슨 –

스트레스는 무지한 상태이다.
모든 것을 긴급상황인 것처럼 생각한다.
그렇게 중요한 것은 아무것도 없다.

– 나탈리 골드버그 –

01

# 직무 스트레스란

년　월　일

## 스트레스란

스트레스는 고통이든, 쾌락이든 간에 개인의 신체적 또는 정서적 균형을 위협하는 특정 사건이나 자극에 대한 재적응 반응을 의미합니다. 즉, 안정적인 상태를 깨는 주변의 자극이나 변화 모두가 스트레스가 될 수 있으며, 우리 인생에서 피할 수 없는 것입니다.

스트레스(stress)는 긍정적인 스트레스인 '유스트레스(eustress)'와 부정적인 스트레스인 '디스트레스(distress)'로 구분됩니다. 우리가 보통 이야기하는 스트레스는 디스트레스를 의미합니다.

- **유스트레스**: 취업, 승진, 결혼, 도전적인 과제, 창조적 활동은 유익한 스트레스입니다.
  - 적절한 긴장을 통해 인지적 능력을 증가시키고, 생산적인 활동에 대한 동기를 증가시켜 성장과 발전의 원동력이 됩니다.
  - 단기간의 적절한 스트레스는 면역 반응을 증가시키고 유해한 스트레스 반응을 상쇄합니다.

- **디스트레스**: 친한 동료와의 이별, 경제적 어려움, 업무에서의 실패, 질책, 비난, 무시, 과도한 기대와 욕심은 유해한 스트레스입니다.
  - 불안, 짜증, 초조, 두려움, 슬픔 등의 부정적인 감정을 일으킵니다.
  - 음주, 흡연과 같은 건강에 좋지 않은 행동을 더 하게 합니다.
  - 강도가 강하고, 오랫동안 지속되는 디스트레스는 면역 기능을 저하시켜 질병의 원인이 되기도 합니다.

| **디스트레스 vs. 유스트레스** | |
|---|---|
|  |  |
| 디스트레스(불안, 슬픔, 고통) | 유스트레스(기대, 희망, 성취) |

이러한 관점에서 스트레스는 우리가 어떤 일을 감당하기 힘들다고 느낄 때 일어나는 반응의 총체입니다. 즉, 어떤 일이나 사건 자체가 스트레스가 되는 것이 아니라, 그것을 감당하기 힘들거나 적절히 대처하기 어렵다고 볼 때 스트레스를 받게 됩니다. 예를 들어, 마감기한이 임박한 업무가 있다고 해 봅시다. 이를 충분히 해낼 수 있는 자원을 가지고 있는 사람에게는 해당 업무가 자신의 능력을 증명할 기회를 제공하기 때문에 '유스트레스'가 될 것입니다. 하지만 이를 해낼 수 있는 능력과 시간이 없는 사람에게는 긴장과 불안의 감정을

유발하는 '디스트레스'가 될 것입니다.

이렇듯 같은 사건일지라도 누군가에게는 디스트레스가 될 수도, 되지 않을 수도 있습니다.

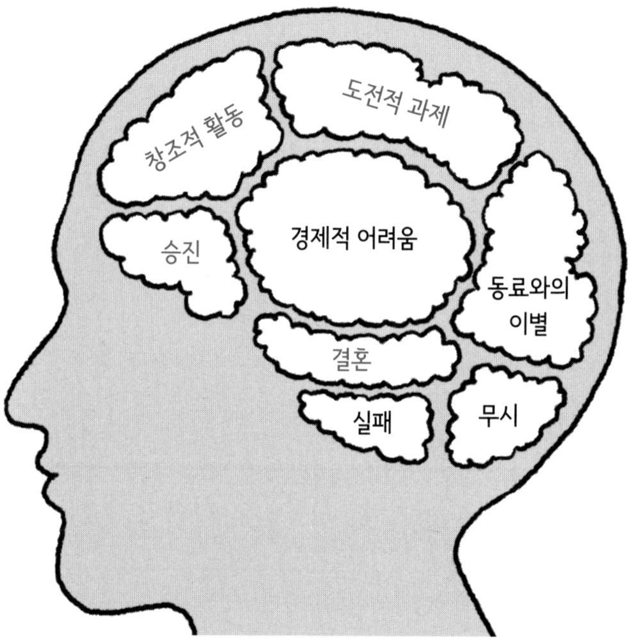


앞의 그림에서 청록색으로 표시된 것은 주로 '유스트레스'로, 검은색으로 표시된 것은 주로 '디스트레스'로 구분되는 요소입니다.

나의 유스트레스와 디스트레스를 적어 봅시다.

유스트레스

디스트레스

## 직무 스트레스란

일터에서 개인이 대처하기 어려운 부정적인 경험을 과도하고 만성적으로 겪을 때 발생하는 스트레스를 직무 스트레스라고 합니다.

**학술적으로 정의하면?**

직무환경이나 직무에서의 요구사항이 근로자의 능력(capabilities)이나 자원(resources), 바람(needs)과 일치하지 않을 때 발생하는 유해한 반응이다.

스트레스는 우리가 느끼는 부담의 정도와 그에 대한 대처 능력에 따라 다르게 나타납니다. 하지만 직무 스트레스는 단순히 개인의 문제에 그치지 않습니다. 이는 환경적 요인과 조직의 문화, 상사와 동료들과의 관계 등 다양한 외부 요인에 의해 영향을 받기 때문에 개인 차원뿐만 아니라 조직 차원에서도 해결책을 찾아야 합니다. 직무 스트레스가 심화되면 생산성과 창의성에도 영향을 미치며, 결국 개인의 신체적, 정신적 건강에도 부정적인 영향을 미칩니다. 특히 여러 가지 스트레스 요인이 동시에 겹치면, 그 영향은 더욱 심각해질 수 있습니다.

# 02 스트레스의 위험성

년 월 일

직무 스트레스는 '나만의' 문제가 아니라, '우리 모두의' 문제라는 사실을 알고 계셨나요?

만 19~65세 직장인 19만 4,226명 분석 결과, 직무 요구, 직무 불안정, 직장 문화 등 세 가지가 실제로 우울증 발병 위험 그리고 자살과 연관성이 높다고 합니다.

| 과중한 업무 스트레스, 안타까운 교사의 죽음 … 애도 물결 |
|---|

출처: 오마이뉴스(2025. 10.).

| '회사는 지옥' 스트레스가 질병이 되는 순간 |
|---|

출처: 국민일보(2021. 02.).

| 업무 스트레스로 인한 정신질환 산재 신청 급증 |
|---|

출처: 메디컬투데이(2018. 05.).

우리가 경험하는 스트레스에는 문제가 한 가지인 스트레스도 있지만, 여러 문제가 동시에 오는 스트레스도 있습니다.

직무 스트레스의 요인이 1개일 때 2.4배, 2개일 때 5.9배, 3개일 때 12배로 우울증 위험이 증가합니다. 자살 생각을 할 위험은 스트레스 요인이 1개일 때 1.7배, 2개일 때 2.7배, 3개일 때는 4.1배 증가합니다. 다시 말해, 여러 문제가 동시에 오는 스트레스가 더 위험하다는 것입니다.

**"정신건강정책 집행 복지부 직원 75%는 '우울 · 불안 위험군'"**

출처: 연합뉴스(2025. 10.).

**직무 · 상명하복 스트레스 겹치면 우울증 위험 최대 12배**

출처: 서울신문(2017. 11.).

### 내가 경험하는 부정적 스트레스

# 03 직무 스트레스 평가해 보기

년 월 일

지금까지 전반적인 스트레스의 개념을 알아봤다면, 이제부터는 '나의 스트레스' 알아보기 단계입니다. 평소에 내가 얼마나 스트레스를 받고 있는지, 주로 어떤 것 때문에 스트레스를 받는지, 나는 어떻게 반응하고 대처하는지, 몇 가지 검사를 통해 함께 낱낱이 파헤쳐 봅시다.

다음에 제시된 '직무 스트레스 측정 도구(기본형)'에 응답해 주세요.
최근 경험을 반영하여 솔직하게 응답해 주세요.

### □ 직무 스트레스 측정도구(기본형)

- 현재 일하면서 귀하의 생각이나 느낌에 가장 가까운 곳에 ◯ 표시해 주시기 바랍니다.

| 구분 | 내용 | 전혀 그렇지 않다 | 그렇지 않다 | 그렇다 | 매우 그렇다 |
|---|---|---|---|---|---|
| 물리 환경 | 1. 근무 장소가 깨끗하고 쾌적하다. | 4 | 3 | 2 | 1 |
| | 2. 내 일은 위험하며 사고를 당할 가능성이 있다. | 1 | 2 | 3 | 4 |
| | 3. 내 업무는 불편한 자세로 오랫동안 일을 해야 한다. | 1 | 2 | 3 | 4 |
| 직무 요구 | 4. 나는 일이 많아 항상 시간에 쫓기며 일한다. | 1 | 2 | 3 | 4 |
| | 5. 현재 하던 일을 끝내기 전에 다른 일을 하도록 지시받는다. | 1 | 2 | 3 | 4 |
| | 6. 업무량이 현저하게 증가하였다. | 1 | 2 | 3 | 4 |
| | 7. 나는 동료나 부하직원을 돌보고 책임져야 할 부담을 안고 있다. | 1 | 2 | 3 | 4 |
| | 8. 내 업무는 장시간 동안 집중력이 요구된다. | 1 | 2 | 3 | 4 |
| | 9. 업무 수행 중에 충분한 휴식(짬)이 주어진다. | 4 | 3 | 2 | 1 |
| | 10. 일이 많아서 직장과 가정에 다 잘하기가 힘들다. | 1 | 2 | 3 | 4 |
| | 11. 여러 가지 일을 동시에 해야 한다. | 1 | 2 | 3 | 4 |

| 구분 | 내용 | 전혀 그렇지 않다 | 그렇지 않다 | 그렇다 | 매우 그렇다 |
|---|---|---|---|---|---|
| 직무 자율 | 12. 내 업무는 창의력을 필요로 한다. | 4 | 3 | 2 | 1 |
| | 13. 업무 관련 사항(업무의 일정, 업무량, 회의 시간 등)이 예고 없이 갑작스럽게 정해지거나 바뀐다. | 1 | 2 | 3 | 4 |
| | 14. 내 업무를 수행하기 위해서는 높은 수준의 기술이나 지식이 필요하다. | 4 | 3 | 2 | 1 |
| | 15. 작업 시간, 업무 수행 과정에서 나에게 결정할 권한이 주어지며 영향력을 행사할 수 있다. | 4 | 3 | 2 | 1 |
| | 16. 나의 업무량과 작업 스케줄을 스스로 조절할 수 있다. | 4 | 3 | 2 | 1 |
| 관계 갈등 | 17. 나의 상사는 업무를 완료하는 데 도움을 준다. | 4 | 3 | 2 | 1 |
| | 18. 나의 동료는 업무를 완료하는 데 도움을 준다. | 4 | 3 | 2 | 1 |
| | 19. 직장에서 내가 힘들 때, 내가 힘들다는 것을 알아 주고 이해해 주는 사람이 있다. | 4 | 3 | 2 | 1 |
| | 20. 직장 생활의 고충을 함께 나눌 동료가 있다. | 4 | 3 | 2 | 1 |
| 직무 불안정 | 21. 지금의 직장을 옮겨도 나에게 적합한 새로운 일을 쉽게 찾을 수 있다. | 4 | 3 | 2 | 1 |
| | 22. 현재의 직장을 그만두더라도 현재 수준만큼의 직업(직장)을 쉽게 구할 수 있다. | 4 | 3 | 2 | 1 |
| | 23. 직장 사정이 불안하여 미래가 불확실하다. | 1 | 2 | 3 | 4 |
| | 24. 나의 직업은 실직하거나 해고당할 염려가 없다. | 4 | 3 | 2 | 1 |
| | 25. 앞으로 2년 동안 현재의 내 직업을 잃을 가능성이 있다. | 1 | 2 | 3 | 4 |
| | 26. 나의 근무 조건이나 상황에 바람직하지 못한 변화(예: 구조 조정)가 있었거나 있을 것으로 예상된다. | 1 | 2 | 3 | 4 |

| 구분 | 내용 | 전혀 그렇지 않다 | 그렇지 않다 | 그렇다 | 매우 그렇다 |
|---|---|---|---|---|---|
| 조직 체계 | 27. 우리 직장은 근무 평가, 인사 제도(승진, 부서 배치 등)가 공정하고 합리적이다. | 4 | 3 | 2 | 1 |
| | 28. 업무 수행에 필요한 인원 · 공간 · 시설 · 장비 · 훈련 등의 지원이 잘 이루어지고 있다. | 4 | 3 | 2 | 1 |
| | 29. 우리 부서와 타 부서 간에는 마찰이 없고 업무 협조가 잘 이루어진다. | 4 | 3 | 2 | 1 |
| | 30. 근로자, 간부, 경영주 모두가 직장을 위해 한마음으로 일을 한다. | 4 | 3 | 2 | 1 |
| | 31. 일에 대한 나의 생각을 반영할 수 있는 기회와 통로가 있다. | 4 | 3 | 2 | 1 |
| | 32. 나의 경력 개발과 승진은 무난히 잘 될 것으로 예상한다. | 4 | 3 | 2 | 1 |
| | 33. 내 현재 직위는 나의 교육 및 경력에 비추어 볼 때 적절하다. | 4 | 3 | 2 | 1 |
| 보상 부적절 | 34. 나의 직업은 내가 평소 기대했던 것에 미치지 못한다. | 1 | 2 | 3 | 4 |
| | 35. 나의 모든 노력과 업적을 고려할 때 내 봉급 · 수입은 적절하다. | 4 | 3 | 2 | 1 |
| | 36. 나의 모든 노력과 업적을 고려할 때, 나는 직장에서 제대로 존중과 신임을 받고 있다. | 4 | 3 | 2 | 1 |
| | 37. 나는 지금 하는 일에 흥미를 느낀다. | 4 | 3 | 2 | 1 |
| | 38. 내 사정이 앞으로 더 좋아질 것을 생각하면 힘든 줄 모르고 일하게 된다. | 4 | 3 | 2 | 1 |
| | 39. 나의 능력을 개발하고 발휘할 수 있는 기회가 주어진다. | 4 | 3 | 2 | 1 |

| 구분 | 내용 | 전혀 그렇지 않다 | 그렇지 않다 | 그렇다 | 매우 그렇다 |
|---|---|---|---|---|---|
| 직장 문화 | 40. 회식 자리가 불편하다. | 1 | 2 | 3 | 4 |
| | 41. 나는 기준이나 일관성이 없는 상태로 업무 지시를 받는다. | 1 | 2 | 3 | 4 |
| | 42. 직장의 분위기가 권위적이고 수직적이다. | 1 | 2 | 3 | 4 |
| | 43. 남성 · 여성이라는 성적인 차이 때문에 불이익을 받는다. | 1 | 2 | 3 | 4 |

출처: 한국산업안전보건공단(2022).

**□ 직무 스트레스 측정 도구(기본형)에 대한 결과**

- 43문항의 합계 점수는? (　　)점
- 합계 점수를 아래 빈칸에 넣어서 계산해 주세요.

$$\frac{(\quad\quad)-43}{129} \times 100 = (\quad\quad)\text{점}$$

- 계산 점수에 따른 판단 기준은 다음과 같습니다.

| 성별 | 하위 25% | 하위 26~50% | 상위 26~50% | 상위 25% |
|---|---|---|---|---|
| 남성 | 45.0 이하 | 45.1~50.7 | 50.8~56.5 | 56.6 이상 |
| 여성 | 49.5 이하 | 49.6~51.1 | 51.2~56.6 | 56.7 이상 |

- 본 직무 스트레스 검사는 한국산업안전보건공단의 연구 용역에 의해 개발된 직장인들의 직무 스트레스 주요 원인을 파악하는 검사입니다. 전국 직장인 30,146명을 대상으로 개발된 스트레스 검사 도구입니다.
- 계산된 점수를 바탕으로 본인의 스트레스 수준을 파악해 보기 바랍니다.
- 점수가 높을수록 해당 항목에 대한 스트레스가 높다는 것을 의미합니다. 앞의 표를 보고 본인이 어느 정도에 위치하는지 확인해 보세요.
- 상위 25%에 해당한다면 직무 스트레스를 상당히 많이 받고 있다는 것을 의미합니다.
- 검사 결과, 8가지 중 가장 주요한 스트레스 원인은 무엇이었나요? 이 스트레스는 언제, 어떤 상황에서 주로 발생했나요?

**물리환경**
직무 스트레스에 영향을 줄 수 있는, 근로자가 처해 있는 일반적인 물리적 환경을 말한다. 작업방식의 위험성, 공기 오염 여부, 신체적 부담 등 물리적 요인들이 포함된다.

**직무 요구**
직무에 대해 느끼는 부담 정도를 의미하며, 시간적 압박, 업무량 증가, 업무 중단 상황, 과도한 책임감 등과 같은 요소들이 포함된다.

**직무 자율성**
직무에 대한 의사결정 권한과 자신의 직무에 재량을 활용할 수 있는 수준을 말한다. 기술적 재량, 시간 조정 가능성, 업무의 예측 가능성, 직무수행 권한 등이 포함된다.

**관계갈등**
회사 내에서 상사 또는 동료와의 도움이나 지지가 부족한 대인관계를 의미한다. 동료의 지지, 상사의 지지, 조직 내 전반적인 정서적 지지의 부족 등이 이에 포함된다.

**직무 불안정**
자신의 직업 또는 직무가 얼마나 안정적인지를 의미하며, 구직 기회의 부족이나 고용의 불안정성 등이 포함된다.

**조직체계**
조직의 전략과 운영체계, 조직이 보유한 자원, 조직 내 갈등, 합리적인 의사소통 구조 등을 포함하는 조직의 전반적 시스템을 의미한다.

**보상 부적절**
업무에 대해 기대하는 보상이 얼마나 적절한지를 의미하며, 존중의 경험, 내적 동기와의 부합, 기대와 실제 보상 간의 불일치 등이 이에 포함된다.

**직장 문화**
서양의 합리주의적 직장 문화와 달리, 한국적 집단주의 특성이 반영된 문화와 비합리적인 의사소통 체계, 비공식적 직장 문화 등을 포함한다.

스트레스 주요 원인 8가지

다음에 제시된 '직무 소진 척도'에 응답해 주세요. 최근 경험을 반영하여 솔직하게 응답해 주세요.

### □ 직무 소진 척도

(Maslach Burnout Inventory-General Survey: MBI-GS)

• 현재 일하면서 경험한 귀하의 생각이나 느낌에 가장 가까운 곳에 ○ 표시해 주시기 바랍니다. 솔직한 응답이 중요합니다.

| | 문항 | 전혀 그렇지 않다 | 그렇지 않다 | 보통이다 | 그렇다 | 매우 그렇다 |
|---|---|---|---|---|---|---|
| 1 | 내가 맡은 일을 하는 데 있어서 정서적으로 지쳐 있음을 느낀다. | 1 | 2 | 3 | 4 | 5 |
| 2 | 직장 일을 마치고 퇴근하면 상당히 지쳐 있음을 느낀다. | 1 | 2 | 3 | 4 | 5 |
| 3 | 아침에 일어나 출근할 생각을 하면 피곤함을 느낀다. | 1 | 2 | 3 | 4 | 5 |
| 4 | 일하는 동안 내내 긴장하고 있는 것 같다. | 1 | 2 | 3 | 4 | 5 |
| 5 | 내가 맡은 일을 수행하는 데 있어서 상당히 지쳐 있다. | 1 | 2 | 3 | 4 | 5 |
| 6 | 현재 맡은 일을 시작한 이후로 직무에 대한 관심이 줄어들었다. | 1 | 2 | 3 | 4 | 5 |
| 7 | 내가 맡은 일을 하는 데 있어서 소극적이다. | 1 | 2 | 3 | 4 | 5 |
| 8 | 내가 하는 직무가 팀 · 부서 · 조직의 성과에 기여한다는 생각이 들지 않는다. | 1 | 2 | 3 | 4 | 5 |

| | 문항 | 전혀 그렇지 않다 | 그렇지 않다 | 보통이다 | 그렇다 | 매우 그렇다 |
|---|---|---|---|---|---|---|
| 9 | 내가 하고 있는 직무의 중요성이 의심스럽다. | 1 | 2 | 3 | 4 | 5 |
| 10 | 나는 직무상에서 발생하는 문제들을 효과적으로 해결할 수 있다. | 5 | 4 | 3 | 2 | 1 |
| 11 | 내가 현재 소속된 직장에 효과적인 기여를 하고 있다고 느낀다. | 5 | 4 | 3 | 2 | 1 |
| 12 | 내가 생각할 때, 나는 일을 잘한다. | 5 | 4 | 3 | 2 | 1 |
| 13 | 나는 직무상에서 무언가를 성취했을 때 기쁨을 느낀다. | 5 | 4 | 3 | 2 | 1 |
| 14 | 나는 현재의 직무에서 가치 있는 많은 일을 이루어 왔다. | 5 | 4 | 3 | 2 | 1 |
| 15 | 직무상에서, 나는 일들을 효과적으로 처리하고 있다는 자신감을 가지고 있다. | 5 | 4 | 3 | 2 | 1 |

출처: 신강현(2003).

### □ 직무 소진 척도에 대한 결과

- 15문항의 전체 합 점수는? (          )점/ 75점
- 47점 이상이면?

  상위 15%에 해당합니다. 직무 소진 수준이 매우 높습니다. 심리적인 문제를 경험하고 있거나 이러한 소진이 지속되면 심리적 문제를 넘어 건강상의 문제를 경험할 가능성이 큽니다.

• 40점 이상이면?

상위 30%에 해당합니다. 직무 소진 수준이 높은 편입니다. 이러한 소진이 계속되거나 직무 소진 수준이 높아진다면 심리적 문제를 경험할 가능성이 큽니다.

• 33점 이상이면?

상위 50%에 해당합니다. 직무 소진 수준이 높은 편은 아니지만, 소진 수준이 높아지지 않기 위한 예방 노력이 필요합니다.

• 32점 이하이면?

하위 50%에 해당합니다. 직무 소진 수준이 낮은 편입니다. 이 수준이 유지될 수 있도록 노력하고 정기적으로 평가해 보는 것이 좋습니다.

다음에 제시된 스트레스에 대한 반응에 응답해 주세요.

□ 나는 어떻게 반응하나요?

| 신체적 반응 | | 인지/정서적 반응 | | 행동적 반응 | |
|---|---|---|---|---|---|
| (　　) 개 | | (　　) 개 | | (　　) 개 | |
| 머리가 아프다. | | 악몽을 꾼다. | | 손톱을 깨문다. | |
| 메스껍다. | | 불안하다. | | 다리를 떤다. | |
| 배가 아프다. | | 답답하다. | | 머리카락을 꼰다. | |
| 소화가 잘 안 된다. | | 쉽게 화가 난다. | | 이를 간다. | |
| 체중이 많이 는다. | | 공격적으로 된다. | | 음식을 지나치게 많이 먹는다. | |
| 체중이 많이 준다. | | 짜증이 난다. | | 침착성을 잃는다. | |
| 왠지 계속 피곤하다. | | 울음이 나온다. | | 성급하게 행동한다. | |
| 피부 트러블이 난다. | | 주변 사람으로부터 멀어진 느낌이 든다. | | 약속 시간을 지키지 못한다. | |
| 얼굴이 달아오른다. | | 생각이 걷잡을 수 없이 계속 바뀐다. | | 담배를 더 많이 피운다. | |
| 혈압이 오른다. | | 무기력해진 느낌을 받는다. | | 술을 마신다. | |
| 근육의 통증이 느껴진다. | | 미래가 너무 불확실하다. | | 다른 사람들의 시선을 피한다. | |
| | | 실패, 좌절감을 느낀다. | | 사람이 모인 곳은 피한다. | |
| | | '내가 잘못했나?'라는 죄책감이 든다. | | 욕을 자주 한다. | |
| | | | | 안절부절못한다. | |

□ **'나는 어떻게 반응하나요?'에 대한 결과**

• 스트레스를 받을 때 나는 어떻게 반응하나요? 본인의 실제 경험을 떠올리며 자유롭게 작성해 봅시다. 평소 신체, 인지, 정서, 행동 중 어떤 영역의 반응이 가장 많았나요? 이러한 반응들이 오래 지속된다면 어떤 결과가 초래될까요?

# 제 2 부

# 나, ______ 발견하기

(* 밑줄 안에 본인의 이름이나 닉네임을 적어 주세요)

" 나의 스트레스를 다루기 위해서는,
내 스트레스가 어디서 오는지 이해해야 합니다.
나는 어떤 환경에서 스트레스를 받고 있는지,
어떤 행동으로 그것을 극복할 수 있을지,
제2부의 활동을 통해 알아봅시다. "

중요한 건 일정표에 적힌 우선순위가 아니라
당신 인생의 우선순위를 정하는 것이다. – 스티븐 커비 –

자신 안에 불행이 있다면,
먼저 그 불행이 거기에 있음을 알아차려야 한다.
하지만 “나는 불행하다.”라고 말하지 말라.
불행은 당신 그 자체와 아무 관계가 없다.
그러므로 “내 안에 불행이 있다.”라고 말하라…….
이 상황을 있는 그대로 받아들이는 것도,
그것 때문에 스스로 불행해지는 것도 나의 선택에 달린
일이다. – 에크하르트 톨레 –

우리가 사는 환경은 우리가 만들어 가는 것이다.
내가 바뀔 때 인생도 바뀐다. – 앤드류 매튜스 –

# 04 인생은 속력이 아니라 방향이다

년 월 일

이번 장에서는 나를 발견하고 주체적으로 스트레스를 해결해 나가는 연습을 해 봅시다.

## 가치란

당신은 어떤 삶을 살고 싶나요? 어떤 사람이 되고 싶나요? 내가 중요하게 생각하는 내 삶의 방향을 '가치'라고 합니다.

이번 활동을 통해 업무의 우선순위보다 내 인생의 우선순위를 정해 보는 것이 어떨까요?

타인의 기대나 사회적 압박에 의한 것이 아닌, 당신이 중요하게 여기는 가치에 대해 생각해 보세요. 보기 중에서 골라도 되고, 빈칸에 스스로 작성해도 됩니다.

□ **자기계발 및 성장하기**

- [ ] 관심 분야에 대해 끊임없이 배움을 추구하는 삶
- [ ] 새로운 분야에 호기심을 품고 끊임없이 탐구하는 삶
- [ ] 자신에게 집중하여 삶의 의미를 찾아가는 삶
- [ ] 자신의 부족한 점을 발전시키기 위해 노력하는 삶
- [ ] ~~~~~~~~~~~~~~~~~~~~~~~~~~~~~~~~

□ **종교를 통한 내면의 평안과 성찰 추구하기**

- [ ] 종교적 가치를 실천하는 삶
- [ ] 종교를 통해 자신을 되돌아보며 성찰하는 삶
- [ ] 신앙을 통해 마음의 평화와 치유를 추구하는 삶
- [ ] 신앙심을 바탕으로 내면의 성장을 추구하는 삶
- [ ] ~~~~~~~~~~~~~~~~~~~~~~~~~~~~~~~~

□ **봉사 및 사회적 기여하기**

□ 사회를 위해 봉사하고 기부하는 삶
□ 자신의 지식과 능력으로 사회에 기여하는 삶
□ 인류의 공익과 지속 가능한 미래를 위해 사는 삶
□ 사회 문제에 관심을 두고 변화를 이끌기 위해 노력하는 삶
□ ______

□ **내가 하는 일(예: 직장, 직업, 학업 등)에 전념하기**

□ 자신이 원하는 일을 탐색하고 실행하는 삶
□ 자신의 일에 열정을 다해 전념하는 삶
□ 자신의 일을 수행하며 새로운 기술과 능력을 습득하는 삶
□ 자신에게 소중하고 의미 있다고 생각하는 일을 하는 삶
□ ______

□ **몸과 마음의 건강 유지하기**

□ 균형 잡힌 식단과 꾸준히 운동을 하는 삶
□ 활동적인 생활로 활기를 유지하는 삶
□ 충분한 수면 시간을 지키며 생활하는 삶
□ 스트레스를 적절하게 관리하며 사는 삶
□ ______

□ **삶의 여유와 즐거움 추구하기**

- ☐ 여유를 누리며 여가를 즐기는 삶
- ☐ 자신의 취미 생활을 즐기는 삶
- ☐ 자기만의 시간을 온전히 누리는 삶
- ☐ 일상 속 작은 변화를 통해 기분을 전환하는 삶
- ☐ ~~~~~~~~~~

□ **친구/동료와 좋은 관계 맺기**

- ☐ 친구/동료와 서로 존중하고 지지하는 관계를 맺는 삶
- ☐ 친구/동료를 통해 사회적 관계를 확장하는 삶
- ☐ 친구/동료와 함께 시간을 보내며 즐거움을 나누는 삶
- ☐ 친구/동료와 건강한 소통을 통해 신뢰로운 관계를 지속하는 삶
- ☐ ~~~~~~~~~~

□ **연인/배우자와 좋은 관계 맺기**

- ☐ 연인/배우자와 서로를 진심으로 사랑하고 아끼며 함께하는 삶
- ☐ 연인/배우자와 건강한 소통을 통해 신뢰로운 관계를 지속하는 삶
- ☐ 연인/배우자와 서로 존중하고 지지하는 관계를 맺는 삶
- ☐ 연인/배우자와 함께 시간을 보내며 즐거움을 나누는 삶
- ☐ ~~~~~~~~~~

**□ 가족과 좋은 관계 맺기**

□ 가족과 함께 시간을 보내며 즐거움을 나누는 삶

□ 가족이 서로를 존중하고 지지하는 관계를 맺는 삶

□ 가족과 건강한 소통을 통해 신뢰로운 관계를 지속하는 삶

□ 가정 내에서 각자의 역할과 책임을 충실히 이행하는 삶

□ ______________________________

**□ 자녀 돌봄과 좋은 부모 되기**

□ 자녀가 건강하게 성장하도록 돕는 삶

□ 자녀와 함께 시간을 보내며 즐거움을 나누는 삶

□ 자녀와 서로 존중하고 지지하는 관계를 맺는 삶

□ 자녀가 자신의 재능과 열정을 펼칠 수 있도록 지원하는 삶

□ ______________________________

**나의 가치에 부합하는 삶을 살기 위해 어떤 활동이 필요할까요? 이미 해 본 경험이 있는 활동을 적어도 괜찮습니다.**

예시

가치: 자신의 취미생활을 즐기는 삶, 심신이 편안한 삶

활동: 친구와 볼링 치기, 산책하기

나, ______________의 가치는

________________________________________(이)다.

이 가치를 실천하기 위해 필요한 활동은 다음과 같다.

나의 가치를 실천하기 위해, 오늘은 어떤 활동을 해 볼 수 있을까요?

| 일자 | 시간 | 활동 내용 |
| --- | --- | --- |
| 9월 28일 | 저녁 7시~8시 | 색연필 드로잉 |
| | | |
| | | |
| | | |
| | | |

**덧붙이기**

놀랍게도, 나의 가치를 만나는 10분의 시간은 일상생활에서 만나는 스트레스와 나의 관계를 변화시켜요. 스트레스를 느끼는 상황을 직접적으로 언급하거나 곱씹지 않아도, 이 10분은 스트레스보다는 나의 가치가 나의 일상을 주도할 수 있도록 만드는 시간이 된답니다. 이 활동은 언제나 열려 있어요. 과중한 스트레스에 시달린다고 느낄 때도 다시 연습해 보세요. 나의 스트레스 감소에 도움이 된답니다.

# 05 매트릭스 프로그램[1)]

년 월 일

## 나, ______의 세계를 표현하는 매트릭스

직장에서 내가 경험하는 세계를 이해해 봅시다. <부록 2>에 있는 '매트릭스 활동지'가 길잡이가 되어 줄 것입니다. 활동지의 빈칸을 설명에 따라 차근차근 채워 봅시다. (칸이 작게 느껴진다면, 더 큰 종이에 따라 그려 보아도 좋습니다)

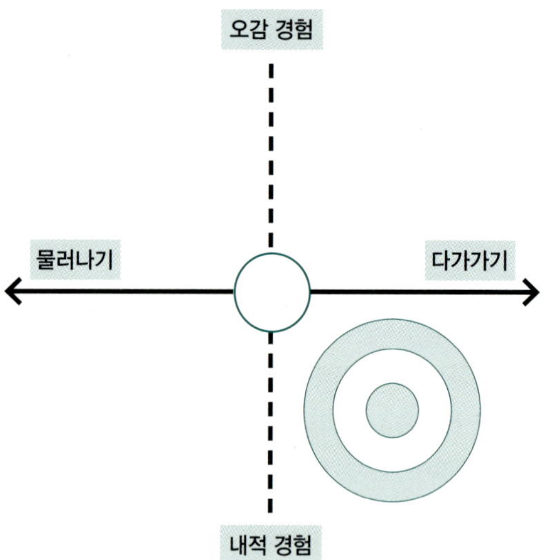


1) Polk, K. L., et al. (2016).

### 매트릭스 프로그램?

구체적인 경험과 행동을 틀에 맞추어 작성해 보면서 스스로의 세계를 이해할 수 있는 프로그램입니다. 본인이 어떤 상황에서 어떤 감정을 느끼고, 어떻게 행동하는지 이해하면 스트레스의 실체와 문제점, 스트레스 해결의 실마리를 얻을 수 있습니다.

먼저, 매트릭스를 구성하는 요소들을 살펴봅시다. 매트릭스는 2개의 선으로 이루어져 있습니다. **윗부분**은 우리의 오감(시각, 청각, 후각, 촉각, 미각)으로 경험하는 세계를, **아랫부분**은 마음(생각, 기억, 충동, 감정)으로 경험하는 세계를 반영합니다. **왼쪽 부분**은 우리가 중요하게 생각하는 사람이나 사물으로부터 물러나는 것을, **오른쪽 부분**은 우리가 중요하게 생각하는 사람이나 사물에 다가가는 것을 반영합니다.

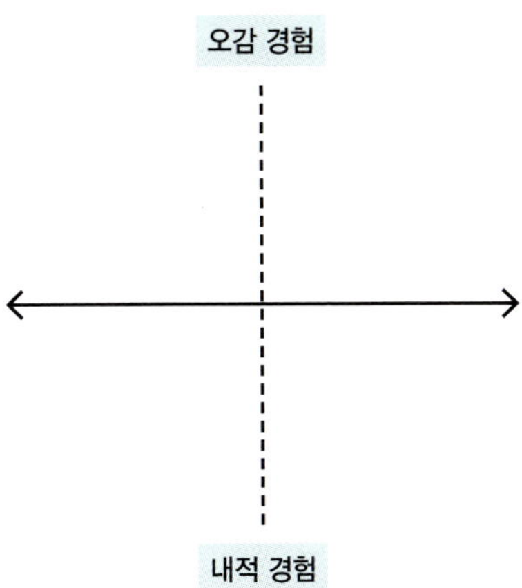


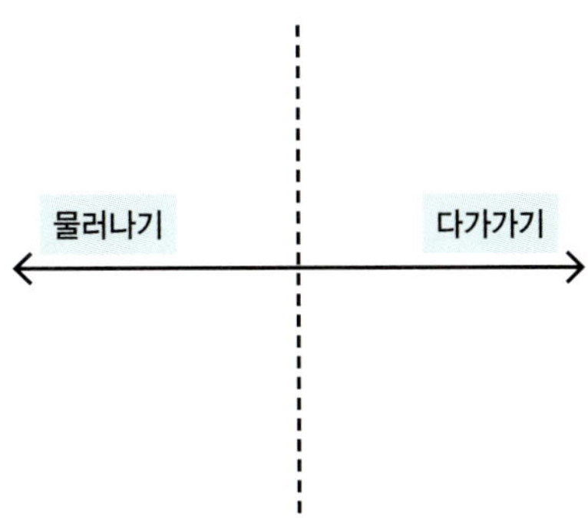

## 나의 세계 채우기

자, 이제 매트릭스를 한번 시작해 볼까요?

**다음 <예시>와 설명을 참고해서, <부록 2>에 있는 '매트릭스 활동지'를 차근차근 채워 봅시다.**

**예시**

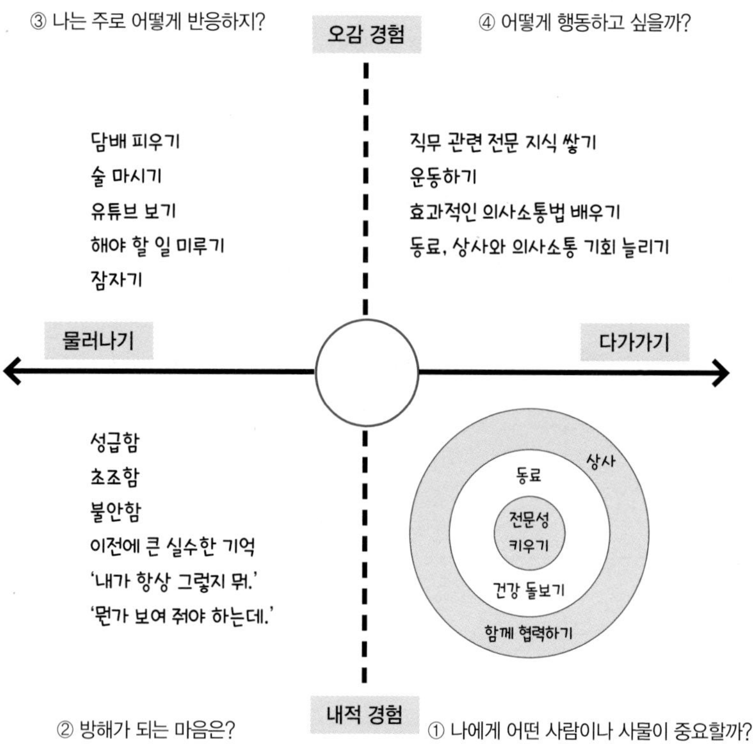

**① 나에게 어떤 사람이나 사물이 중요할까?**

먼저, 오른쪽 아래의 원 모양의 틀을 채워 볼 거예요. 직장 생활과 관련하여 당신에게 중요한 사람은 누구인가요? 직장 생활과 관련하여 당신에게 중요한 것은 무엇인가요? 동사형으로 써 보세요.

그래프의 오른쪽 아래에 당신의 답을 적어 주세요. 원의 중심으로 갈수록 더 중요한 사람과 중요한 것을 뜻해요.

**② 방해가 되는 마음은?**

다음으로, 내가 중요하다고 생각하는 사람이나 사물에 다가가는 데 있어 방해가 되는 생각 · 감정 · 충동 또는 다른 내적 경험이 있나요?

그래프의 왼쪽 아래에 당신의 답을 적어 주세요.

**③ 나는 주로 어떻게 반응하지?**

왼쪽 아래에 작성한 각각의 방해가 되는 생각 · 감정 · 충동 또는 다른 내적 경험에서 벗어나기 위해 어떻게 행동하나요?

왼쪽 위에 당신의 답을 적어 주세요. 이때 당신과 다른 사람들이 관찰할 수 있는 행동을 적어 주세요.

**④ 어떻게 행동하고 싶을까?**

당신이 중요하게 생각하는 사람이나 사물에 다가가기 위해 할 수 있는 행동에는 어떤 것이 있나요? 그리고 어떤 행동을 하고 싶나요?

그래프의 오른쪽 위에 당신의 답을 적어 주세요. 이때, 내적인 경험이 아닌 당신과 다른 사람들이 **관찰할 수 있는 행동**을 적어 주세요.

### ⑤ 돌아보기

매트릭스 작업을 하면서 자신에 대해 새롭게 알게 되었거나, 잠시 잊고 있었지만 알아차리게 된 것이 있나요? 다음 칸에 작성해 봅시다.

**예시**

그전까지는 잘 몰랐는데, 스트레스를 받을 때마다 무의식적으로 특정 행동을 해 왔다는 걸 알아차렸다. 그동안 나한테 도움이 되는 행동이 무엇인지 알면서도 어떤 이유로 잘해 오지 못했는지에 대해 알게 되었다. 그동안 엉뚱한 데 에너지를 쏟고 있었다는 생각이 들었다.

## 내 세계의 주인은 바로 나!

이제, 지금까지 작성한 매트릭스를 한번 내려다봅시다.

나의 세계에서 누가 또는 무엇이 중요한지 선택하는 사람은 누구인가요? 그것을 알아차리는 사람은 누구인가요? 나에게 걸림돌이 되는 감정을 느끼거나 생각을 하는 주체는 누구인가요? 바로 '나' 입니다.

**예시**

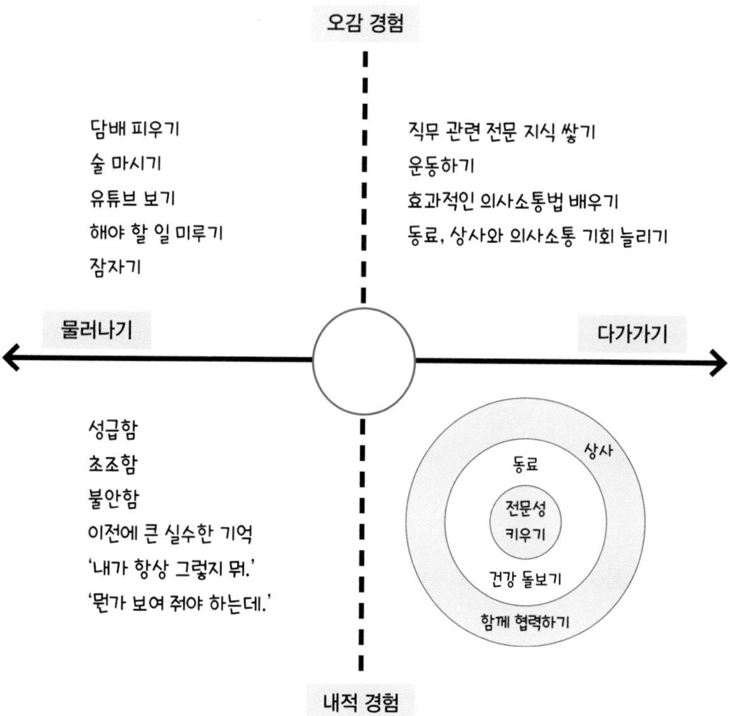

## 나의 행동 바라보기

이번에는 작성한 매트릭스 내용 중에 왼쪽 윗부분을 다시 보며, 긍정·중립·부정에 따라 +, 0, -로 매트릭스 그래프에 표현해 봅시다.

부정적인 내적 경험(감정, 생각, 기억, 충동)에 내가 어떻게 반응하는지 적었습니다. 내가 각각의 행동을 했을 때 그 부정적인 내적 경험에서 얼마나 잘 벗어날 수 있었는지 확인해 봅시다.

먼저, 그 행동들을 했을 때 단기적인 효과가 얼마나 있었나요? +, 0, − 기호로 매트릭스 위에 표현해 봅시다. 그리고 그 행동을 했을 때 장기적인 효과가 얼마나 있었는지 적어 봅시다. 마찬가지로, +, 0, − 기호로 매트릭스에 표현해 봅시다.

| | |
|---|---|
| 긍정 | 매우 효과적(+++), 상당히 효과적(++), 다소 효과적(+) |
| 중립 | 효과 없음(0) |
| 부정 | 다소 악화(−), 상당히 악화(−−), 매우 악화(−−−) |

예시

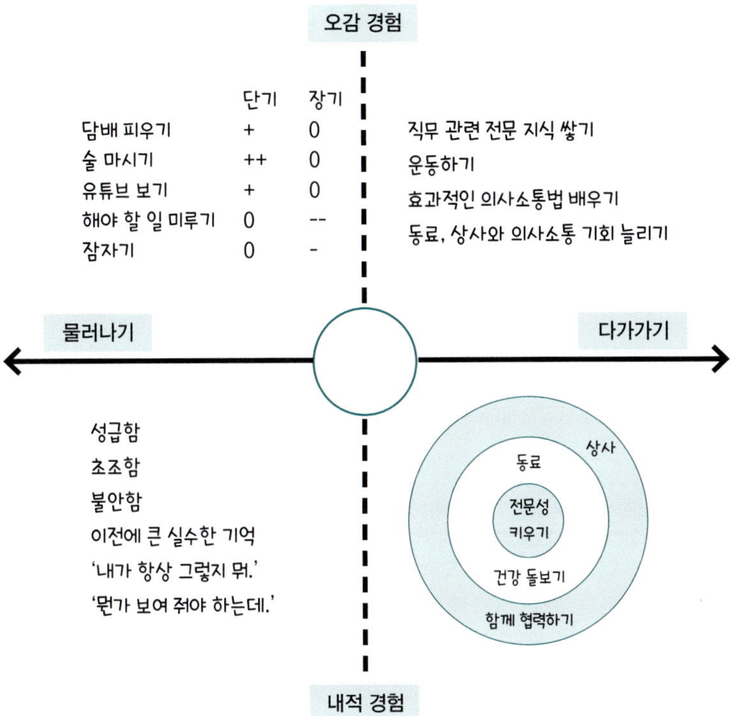
오감 경험
단기 장기
담배 피우기 + 0
술 마시기 ++ 0
유튜브 보기 + 0
해야 할 일 미루기 0 --
잠자기 0 -
직무 관련 전문 지식 쌓기
운동하기
효과적인 의사소통법 배우기
동료, 상사와 의사소통 기회 늘리기
물러나기
다가가기
성급함
초조함
불안함
이전에 큰 실수한 기억
'내가 항상 그렇지 뭐.'
'뭔가 보여 줘야 하는데.'
상사
동료
전문성 키우기
건강 돌보기
함께 협력하기
내적 경험

내가 했던 행동과 그 행동의 단기적·장기적 효과를 살펴보니 어떤가요? 내가 원하는 직장 생활을 하는 데 그동안의 방법이 얼마나 도움이 되었나요? 도움이 된 정도를 10점 척도에 표기한 후, 알아차리게 된 점을 적어 보도록 합시다.

| 0 | 2 | 4 | 6 | 8 | 10 |
|---|---|---|---|---|---|
| 전혀 도움 안 됨 | | | | | 매우 도움 됨 |

## 나의 '갇힌 고리' 발견하기

지금까지 나의 세계에서 중요한 무언가와 그것을 방해하는 나의 마음 그리고 그것들과 관련한 나의 행동을 돌아봤습니다.

이번에는 나를 방해하는 행동으로부터 벗어나 내가 중요하게 생각하는 것들을 향해 나아가는 연습을 해 봅시다.

먼저, 간단한 체크를 해 보세요.

| 문항 | 체크 |
|---|---|
| 나는 부정적인 마음(생각, 감정, 충동, 기억 등)에서 벗어나려고 어떤 행동(음주, 흡연 등)을 했음에도 다시 부정적인 마음으로 돌아간 적이 있다. | |
| 나는 어떤 행동(음주, 흡연 등)을 했는데도 부정적인 마음이 다시 들 때, 다시 그 행동을 반복한 적이 있다. | |
| 나는 어떤 행동(음주, 흡연 등)을 반복했지만, 원래의 부정적인 생각과 감정으로 계속해서 돌아가는 것을 경험했다. | |

예시

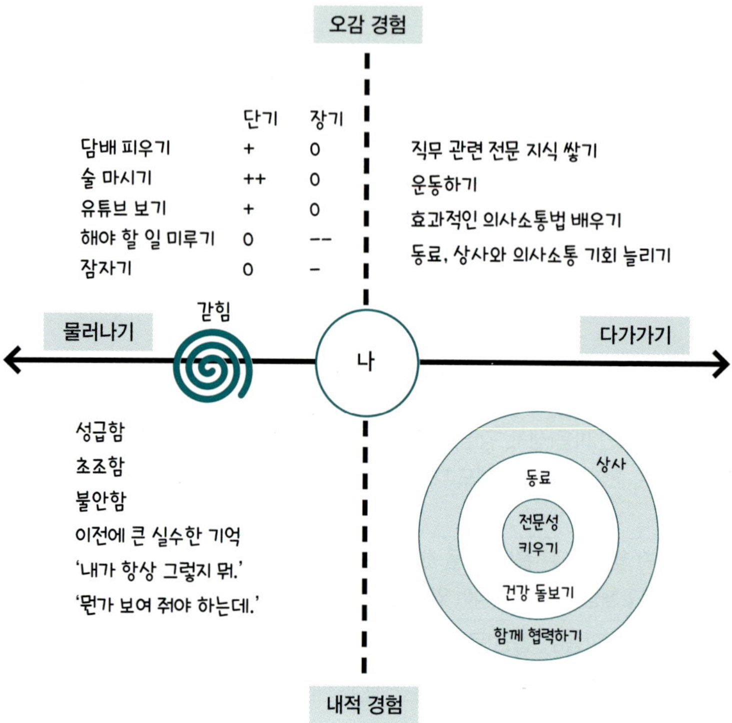


혹시 부정적인 마음에서 벗어나려고 특정 행동을 했음에도 불구하고 다시 원래 마음으로 돌아간 적이 있나요? 그리고 그 마음에서 벗어나기 위해 그 행동을 또다시 한 적이 있나요? 그리고 그 행동에도 불구하고 다시 원래 마음으로 돌아갔나요? 이것이 반복되다 보면 당신은 갇힌 고리에 빠진 것일 수 있습니다.

갇힌 고리에 빠지게 되면 직장 생활의 활력과 의미가 떨어질 수 있습니다. 실제로 변화가 있을까요? 여러분이 갇힌 고리에 빠졌다고 생각했을 때, 알아차리게 된 행동이나 감정에 대해 적어 봅시다.

## 갇힌 고리에서 빠져나가기

매트릭스의 오른쪽 윗칸에 적혀 있는 행동은 우리를 '갇힌 고리'에서 빠져나올 수 있게 도와줍니다. 다만, 이러한 행동을 하는 것은 쉬운 일이 아닙니다. 이 행동은 불편한 생각이나 감정이 뒤따르더라도 내가 중요하게 여기는 가치와 연결된 방향으로 나아가는 것을 뜻합니다.

**당신이 중요하게 생각하는 사람이나 사물을 위해 할 수 있거나 하고 싶은 행동들은 그동안 안 한 건가요, 못 한 건가요? 한번 적어 봅시다.**

**□ 그동안 내가 중요하게 생각하는 사람이나 사물을 위해 할 수 있거나 하고 싶은 행동을 안 했던 이유는 무엇인가요?**

□ 그동안 내가 중요하게 생각하는 사람이나 사물을 위해 할 수 있거나 하고 싶은 행동을 못 했던 이유는 무엇인가요?

## 잠깐! 나의 마음을 당겼던 미끼는?

이전 페이지의 활동에서 있었던 할 수 있거나 하고 싶은 행동을 하지 않은 이유를 살펴봅시다. 혹시 공통점이 보이나요? 아마도 나를 원하는 방향으로 행동하지 않게 막았던 장애물은 내가 겪은 부정적인 내적 경험들(감정, 생각, 기억, 충동)일 것입니다.

예시

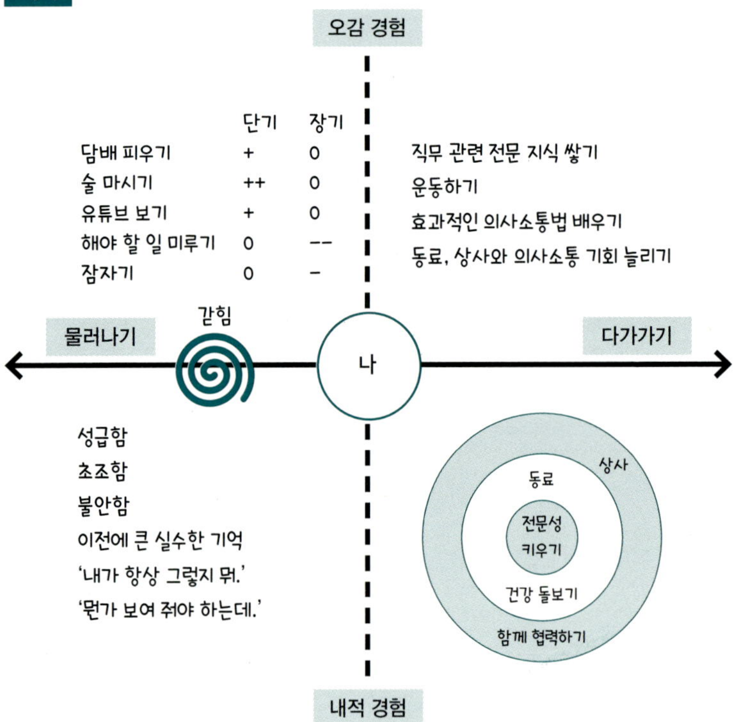

나도 모르게 부정적인 마음이 들었던 적이 있나요? 특정한 사람이나 상황, 장소, 생각, 감정, 이미지, 충동, 기억이 나의 부정적인 마음을 확 잡아끄는 미끼가 되었을 수 있어요. 상사에게 받은 꾸지람이나, 동료와 비교되는 상황, 사람들 앞에서 발표해야 하는 상황이 미끼가 되어 나의 마음을 끌기도 한답니다.

나의 마음은 어떤 미끼에 잘 낚이나요? 낚였을 때는 어떤 마음이 들고, 그 마음에 대응하기 위해 주로 어떤 행동을 했나요?

**다음 미끼 활동지의 빈 몸통을 채워 봅시다. 오늘 나의 마음을 당겼던 미끼는 무엇인지 작성해 봅시다. (더 많은 미끼가 필요하다면 '미끼 찾기 활동지'를 활용해 보세요)**

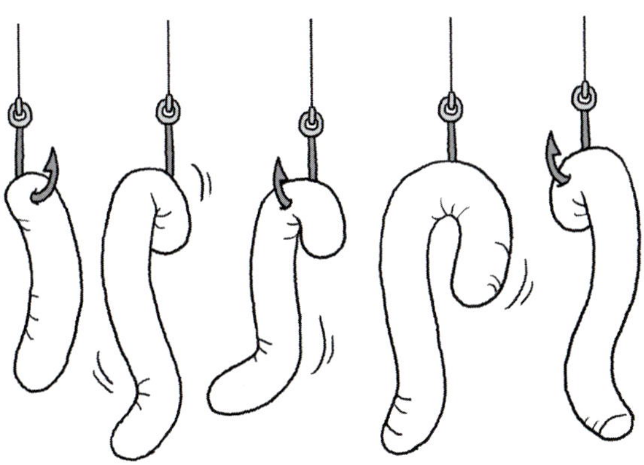

□ 미끼 찾기 활동지

• 오늘 나의 마음을 당겼던 미끼가 무엇인지 작성해 봅시다.

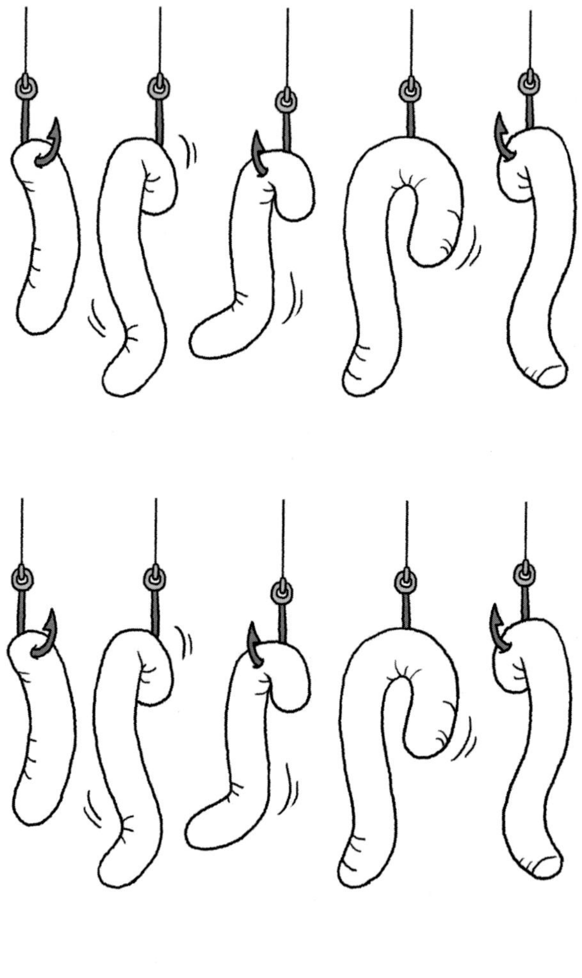

## 한 발씩 다가가기

매트릭스의 왼쪽 위에 있는 물러나는(부정적인 마음에서 벗어나려는) 행동이 무조건 나쁜 것은 아닙니다. 게다가 현실적으로 그 행동에서 완전히 벗어나는 것은 불가능합니다.

지금 나의 물러나는 행동과 다가가는 행동의 비율은 어느 정도인가요? 그리고 어느 정도의 비율을 목표로 조정하는 것이 현실적일까요? 나의 매트릭스에 한번 작성해 봅시다.

**예시**

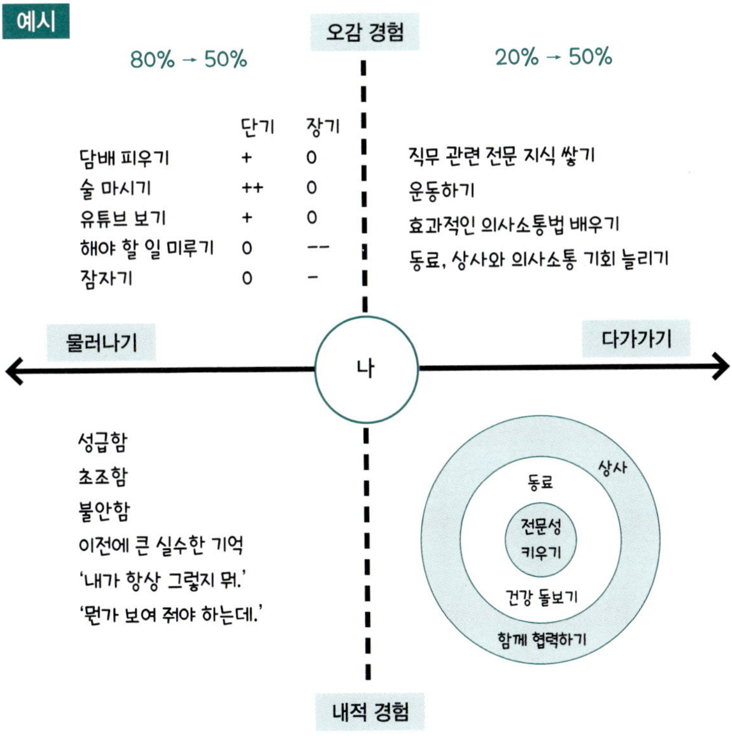

## 오늘은 무엇을 해 볼까

당신은 매트릭스의 왼쪽 삶을 살고 싶나요? 오른쪽 삶을 살고 싶나요? 누구나 오른쪽 삶을 살고 싶어 합니다. 그렇다면 어떻게 하는 것이 좋을까요? 직장 생활을 활력 있고 의미 있게 해 나가기 위해서, 오늘 당신은 무엇을 할 수 있을까요? 직장 생활에서 나에게 중요한 사람이나 사물을 향해 나아가려면 오늘 무엇을 해 볼 수 있을까요?

□ **직장 생활에서 나에게 '중요한 사람'에게 다가가기 위해 오늘 해 볼 수 있는 것은 무엇인지 작성해 봅시다.**

□ 직장 생활에서 나에게 '중요한 것'에 다가가기 위해 오늘 해 볼 수 있는 것은 무엇인지 작성해 봅시다.

# 제3부

# 나, ＿＿＿＿＿의 스트레스 다루기

(* 밑줄 안에 본인의 이름이나 닉네임을 적어 주세요)

“일상에서 스트레스에 대처하고 스트레스로 인한 부정적인 반응을 줄일 수 있는 다양한 방법에 대해 알아봅시다.”

인생은 자전거를 타는 것과 같다.
균형을 잡으려면 움직여야 한다. – 알베르트 아인슈타인 –

행복한 삶을 만들려고 애쓸 필요는 거의 없다.
모두 당신 안에 있다.
당신이 어떻게 생각하느냐에 달렸다. – 마르쿠스 아우렐리우스 –

# 06 마음의 원리

년 월 일

스트레스를 받은 나의 마음속에서는 어떤 일이 벌어지고 있을까요?

심리학자들은 인간의 신체 반응과 생각, 감정이나 행동이 서로 아주 밀접하게 관련되어 있다고 이야기합니다. 다시 말하면, 우리 몸의 반응이나 생각 · 감정 · 행동 중 어느 것 하나만 변해도 나머지 요소들이 함께 변한다는 것입니다.

이번에는 이렇게 우리 마음속을 구성하고 있는 요소들을 하나하나 다스리면서, 스트레스 상황에 다르게 대처하는 연습을 해 봅시다.

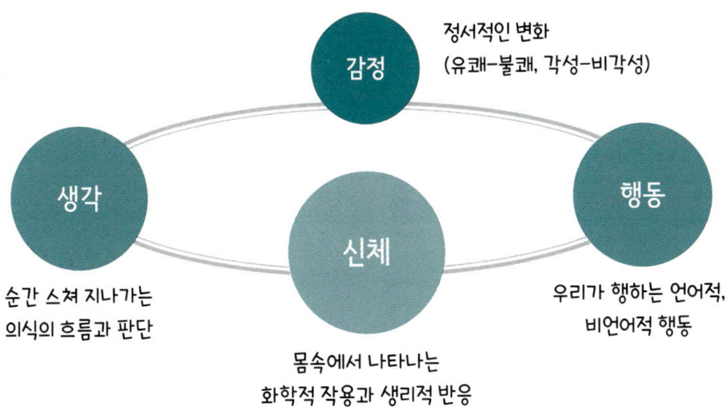

## 나의 마음속에서는 어떤 일이

여러분은 어떤 상황에서 스트레스를 받나요? 그 상황이 오면 어떤 생각이 드나요? 어떤 감정을 느끼고, 나의 몸은 어떻게 반응하나요? 그리고 나는 어떤 행동을 보이나요?

**다음 <예시>를 참고해서, '나의 마음속에서는 어떤 일이?' 활동지를 채워 봅시다.**

예시

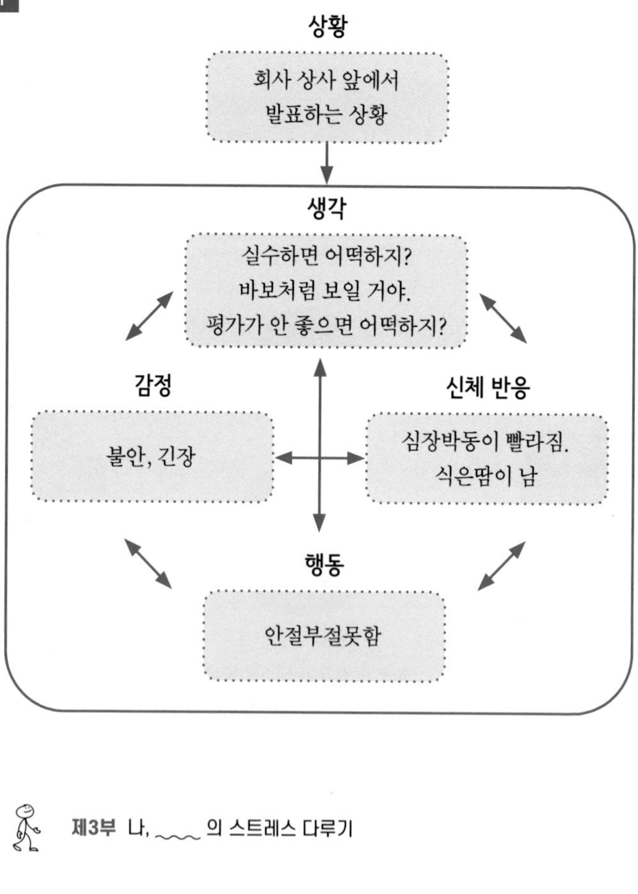

□ 나의 마음속에서는 어떤 일이?

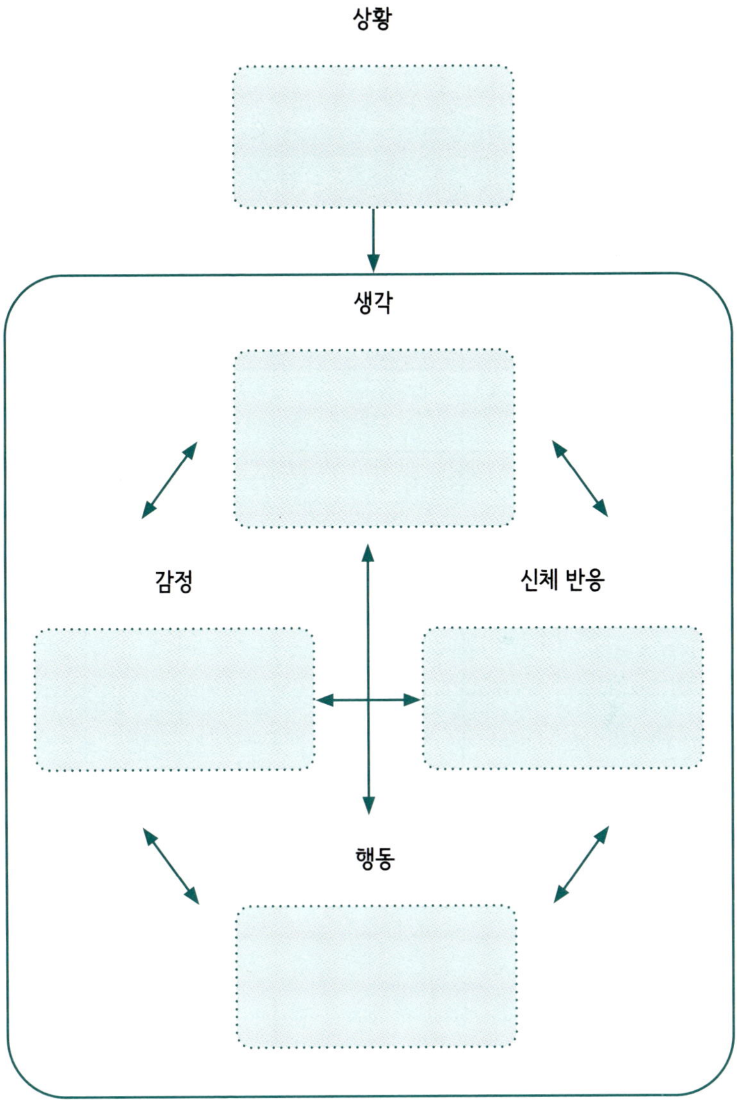

## 무엇을 변화시키는 것이 가장 효과적일까

내가 마음먹고 바꾸려고 시간과 에너지를 투자했을 때 다음의 항목들이 바뀌는 데 시간이 얼마나 소요된다고 생각하시나요?

| 항목 | 1개월 이내 | 1~3 개월 | 3~6 개월 | 6~12 개월 | 12~18 개월 | 18개월 이상 |
|---|---|---|---|---|---|---|
| 회사 인사 평가 체계 | | | | | | |
| 조직 문화(위계적, 수직적, 경직된) | | | | | | |
| 상사의 업무 처리 방식 | | | | | | |
| 상사의 성격 | | | | | | |
| 동료의 업무 처리 방식 | | | | | | |
| 동료의 성격 | | | | | | |
| 업무량 | | | | | | |
| 나의 생각 | | | | | | |
| 나의 감정 | | | | | | |
| 나의 행동 | | | | | | |
| 고용 안정성 | | | | | | |

**이 중 가장 빨리 변화할 수 있는 항목은 무엇인가요?**

① 
② 
③ 

**좀 더 구체적으로, 앞의 항목에서 어떤 부분을 바꿔 보면 좋을까요?**

① 
② 
③ 

스트레스를 느끼는 상황을 개선하기 위해서는 변화가 필요합니다. 아주 작은 부분이라도 변화하지 않으면 스트레스에도 변화는 없을 테니까요.

어떤 것에 변화를 주려면, 시간과 에너지를 투자해야 합니다. 앞의 활동에서 변화에 드는 시간이 가장 짧은 항목은 무엇이었나요? 아마, 상사와 동료의 성격이나 조직 문화와 같은 항목보다는 나의 생각이나 행동처럼 '나'에 관한 것을 변화시키는 것이 가장 빨랐을 것입니다. 물론, 나 이외의 것에도 변화는 필요하겠지만, 스트레스가 발생하는 상황에서 내가 할 수 있는 가장 빠르고 효과적인 노력은 '나에 관한 것부터 변화시켜 보는 것'입니다.

다음에 나오는 활동들은 나의 몸과 생각, 감정을 하나씩 변화시켜 보는 과정입니다. 앞으로 나의 어떤 부분을 어떻게 바꿀 수 있을지 고민하면서, 천천히 나의 스트레스를 조절해 봅시다.

변화는 한 번에 이루어지지 않지만, 작은 실천이 모여 큰 변화를 만듭니다. 오늘부터 시작해 보세요. 매일 조금씩 나를 돌아보고, 나의 반응을 조절하며, 나만의 스트레스 대처 방식을 만들어 가는 것입니다.

변화는 외부 환경이나 사람들로부터 오기도 하지만, 바로 내 마음과 생각에 따라 커지기도 작아지기도 합니다. 변화 의지를 갖고, 이를 실행에 옮기는 작은 노력들이 결국 큰 성과를 이끌어 낼 것입니다. 이 과정을 꾸준히 반복하면서 스트레스에 대한 나의 감정과 반응을 조절할 수 있는 능력이 생기고, 더 이상 스트레스에 휘둘리지 않고 스스로의 삶을 주도할 수 있게 됩니다.

변화를 두려워하지 말고, 하나씩 실천해 보세요. 자기 자신을 돌보는 것이 곧 더 나은 내일을 만드는 첫걸음이 될 것입니다.

# 07 스트레스 다이어리

년 월 일

스트레스 조절을 위해 나의 생각을 변화시켜 봅시다. 일주일 동안 나의 스트레스 경험, 그리고 이에 대한 나의 해석과 판단을 작성해 봅시다. (칸이 부족하다면 다른 노트에 적어 보셔도 좋습니다)

예시

| 월/일/요일 | 사건/상황 | 생각/해석 | 감정* | 실제 나타난 결과 | 앞으로 어떻게 하면 좋을까? |
|---|---|---|---|---|---|
| ○월<br>○일<br>○요일 | 아침에 일어났는데 출근 시간이 얼마 남지 않았고 결국 1시간 이상 지각을 했다. | 왜 이런 일이…… 망했다. 뭐라고 해야 하나…… | 짜증: 10점<br>화: 5점<br>자괴감: 8점<br>부끄러움: 7점 | 지각에 대해 지적받음. 동료들에게 눈치가 보임 | 알람을 확인하고 자자. 늦은 만큼 열심히 일하자. 바로 전화해서 상황을 알리자. |

*감정은 0점: 전혀 없음~10점: 매우 강함으로 표시

| 월/일/요일 | 사건/상황 | 생각/해석 | 감정* | 실제 나타난 결과 | 앞으로 어떻게 하면 좋을까? |
|---|---|---|---|---|---|
| | | | | | |
| | | | | | |
| | | | | | |
| | | | | | |

*감정은 0점: 전혀 없음~10점: 매우 강함으로 표시

# 08 스트레스에 대한 생각 바꾸기

년 월 일

## 웰빙 인지를 증진시켜 보기

**학술적으로 정의하면?**

- **인지**(cognition): 외부 자극(사건)에 대한 인간의 인식, 평가, 해석, 추리 등
- **웰빙 인지**(well-being cognition): 부정적인 생각보다는 개인을 더 행복하고 안정된 상태로 만드는 데 기여하는 인지

- 웰빙 인지를 활성화하면 스트레스에 효과적으로 대처하고, 가치 있는 삶의 방향으로 나아가도록 도움이 될 수 있습니다. 구체적으로 삶의 만족(기대), 낙관성, 직무 만족, 직무 몰입 등에 긍정적인 영향을 미칩니다.
- 웰빙 인지를 활성화하기 위해서는 어떤 사건이나 타인의 말과 행동을 보다 객관적이고 중립적이며 긍정적으로 재해석할 수 있어야 합니다. 이러한 재해석은 스트레스와 그로 인한 부정적 정서를 줄이는 데 도움이 됩니다.

우선 스트레스에 대한 나의 사고방식을 측정해 봅시다. [약간 동의(1점)-어느 정도 동의(2점)-매우 동의(3점)로 각 문항에 점수를 부여한 후, 점수가 더 높은 행을 확인해 봅시다]

| 문항 | 점수 | 문항 | 점수 |
| --- | --- | --- | --- |
| 스트레스는 우리에게 해롭다. | | 스트레스는 장점을 끌어올린다. | |
| 건강과 활력을 고갈시킨다. | | 건강과 활력을 증진시킨다. | |
| 업무 수행 능력과 생산성을 약화시킨다. | | 업무 수행 능력과 생산성을 향상시킨다. | |
| 학습과 성장을 저해한다. | | 학습과 성장을 촉진한다. | |
| 스트레스의 효과는 부정적이므로 피하는 것이 좋다. | | 스트레스의 효과는 긍정적이므로 잘 활용할 필요가 있다. | |
| 합계 점수 | | 합계 점수 | |

**앞의 활동을 통해 자신이 스트레스를 어떻게 인식하고 있는지 확인해 봅시다. 왼쪽 행에 더 높은 점수를 주었다면, 스트레스를 해로운 것으로 인식하고 있는 것이고, 오른쪽 행에 더 높은 점수를 주었다면, 스트레스를 유용한 것으로 보고 있는 것입니다. 이제 스트레스를 부정적으로 인식했을 때와 긍정적으로 인식했을 때의 행동 차이를 살펴봅시다.**

| 스트레스가 해롭다는 생각 | 스트레스가 유용하다는 생각 |
|---|---|
| 문제를 해결하기보다 스트레스를 느끼지 않기 위해 주의를 분산시키려는 경향이 있다. | 스트레스 사건이 일어났음을 인정하고, 그 현실을 받아들인다. |
| 스트레스의 근원을 해결하려 하기보다는, 불편한 감정을 해소하는 데에 초점을 둔다. | 스트레스의 근본 원인을 해결하기 위한 계획을 세운다. |
| 스트레스에서 벗어나려고 술이나 다른 약물, 혹은 중독적인 행동에 기대게 된다. | 주변인들에게 필요한 정보를 찾고, 다른 사람에게 도움이나 조언을 구한다. |
| 스트레스를 일으키는 관계나 일에 더 이상 에너지나 관심을 쏟지 않으려 한다. | 스트레스의 원인을 극복하거나 없애거나 바꾸기 위해 행동에 나선다. |
| 스트레스를 유발할 것 같은 사람/상황은 최대한 피한다. | 상황을 긍정적으로 보려고 하거나, 그것을 성장의 기회로 삼아 잘 대처한다. |
| | |
| | |

## 스트레스에 대한 생각 변화를 위해, 다음 연구를 읽어 보기

미국의 국가 건강 인터뷰 조사(National Health Interview Survey) 연구(Keller, Litzelman, Wisk, et al., 2012)에서는 1998~2006년까지 8년 동안 성인 약 3만 명을 추적 조사했습니다. 이 연구의 대표적인 질문은 "지난 한 해 동안 당신은 스트레스를 얼마나 경험하셨습니까?"(전혀 받지 않았다-적게 받았다-어느 정도 받았다-아주 많이 받았다)와 "당신은 스트레스가 건강에 해롭다고 믿으시나요?"(거의 없음-약간-매우)였습니다.

이러한 질문을 바탕으로 사망한 사람들의 자료를 추적하여 다시 분석한 결과, 지난해 많은 스트레스를 경험한 사람은 그렇지 않은 사람보다 사망할 위험성이 43% 더 높았습니다. 하지만 이러한 효과는 스트레스가 건강에 매우 해롭다고 믿는 사람들에게만 해당되는 결과였습니다. 스트레스를 많이 받지만, 스트레스가 건강에 해롭지 않다고 생각하는 사람은 사망과 관련이 적었고, 오히려 이러한 사람의 사망 확률은 스트레스를 거의 받지 않은 사람과 유사했습니다. 이러한 연구 결과는 스트레스 자체보다는 스트레스가 본인에게 나쁜 영향을 미친다는 믿음이 부정적인 결과를 유발한다는 점을 시사하고 있습니다.

일반적으로 사람들은 평가자들 앞에서 발표하거나 어려운 문제를 풀어야 할 때, 그리고 평가자의 반응이나 표정이 좋지 않을 때 스트레스를 받습니다. 심장은 빨리 뛰고, 호흡이 빨라지며, 땀도 납니다. 우리는 보통 이러한 변화를 불안하거나 상황에 잘 대처하지 못하는 신호라고 해석합니다. 하지만 이러한 신체의 변화를 문제 상황 해결을 위해 에너지를 얻기 위한 반응이라고 생각하면 어떨까요?

하바드 대학의 한 실험연구에서는 이러한 스트레스 상황 전에 참가자들에게 스트레스 반응이 유익한 것이라는 교육을 했습니다. 연구 결과, 교육을 받지 않은 참가자들보다 교육을 받은 참가자들이 스트레스를 덜 받았고, 덜 긴장했고, 더 자신감을 보였습니다. 그리고 교육을 받지 않는 사람들보다 혈관도 더 이완되었습니다. 즉, 심장은 빨리 뛰지만 혈관은 넓어진 것입니다. 이러한 신체적 반응은 우리가 용기를 낼 때 경험하는 생리적 반응과 유사합니다. 스트레스에 대한 생각의 변화가 생리적 변화를 불러온 것입니다.

다시 말해서, 스트레스에 대해 긍정적으로 해석하는 것은 스트레스를 더 잘 대처하게 해 주고 우리의 삶을 더 건강하게 만들어 줄 수 있습니다.

**사고방식을 바꾸기 위해 스트레스의 장점을 인정해 봅시다.**

□ **최근에 겪은 스트레스 중에서, 결과적으로 도움이 되었다고 느낀 상황이 있나요? 있다면 그것은 어떤 경험이었나요?**

□ 스트레스를 받을 때 내 몸은 어떻게 반응하나요? 그리고 그 반응이 꼭 나쁜 걸까요? 나쁘지 않다면 그 이유는 무엇일까요?

□ 스트레스가 나의 관심 분야와 업무에 대한 반응이라고 생각한다면, 이 반응을 어떻게 해석할 수 있을까요?

□ 회사에서 스트레스를 전혀 느끼지 않는다면, 당신은 어떤 느낌이 들 것 같나요? 스트레스가 전혀 없는 상황이 꼭 좋은 것일까요? 그렇지 않다면 그 이유는 무엇일까요?

# 09 일주일 감정 확인

년 월 일

## 감정 일기

우리가 경험할 수 있는 감정은 매우 다양합니다. 감정은 크게 긍정 감정과 부정 감정으로 구분됩니다. 감정은 우리의 삶에 큰 영향을 미칩니다. 인간관계, 의사결정, 행동에 많은 영향을 미치는 것이 감정입니다.

감정을 잘 이해하고 표현하면 자신과 타인의 관계를 향상시키고 더 만족스러운 삶을 살 수 있습니다. 강한 부정 감정(화)을 경험할 때, 나도 강하게 표현한다면 의사소통이나 관계가 부정적인 방향으로 흘러갈 가능성이 높습니다. 감정을 경험한다고 하더라도 이를 어떻게 표현하는지에 따라 소통과 관계가 달라질 수 있습니다.

그리고 부정적인 감정 경험이 꼭 나쁜 것은 아닙니다. 적당한 걱정과 불안 등은 미래의 사건을 대비하게 하고, 일에 집중하게 하는 긍정적인 역할을 합니다.

감정을 건강하게 잘 이해하고 다루면 스트레스 관리와 더 풍요로운 삶에 도움이 되고, 자기 인식과 타인과의 관계를 향상시킬 수 있습니다.

다음은 우리가 일상생활에서 경험할 수 있는 다양한 종류의 감정입니다.

### □ 감정 종류

| | | | | | | | |
|---|---|---|---|---|---|---|---|
| 긍정 감정 | 기쁜 | 행복한 | 즐거운 | 유쾌한 | 만족한 | 흡족한 | 평온한 |
| | 침착한 | 편안한 | 자신 있는 | 재미있는 | 뿌듯한 | 희망적인 | 이완된 |
| | 감사한 | 보람 있는 | 벅차오르는 | 홀가분한 | 따뜻한 | 안정적인 | 흥미 있는 |
| | 환희의 | 사랑스러운 | 친절한 | 흥겨운 | 재미있는 | 성취한 | 도전적인 |
| | 존경의 | 신선한 | 황홀한 | 재미있는 | 몰입된 | 안락한 | 용기 내는 |
| 부정 감정 | 슬픈 | 화난 | 두려운 | 혐오적인 | 죄책감이 드는 | 억울한 | 불안한 |
| | 귀찮은 | 부끄러운 | 실망한 | 후회하는 | 질투 나는 | 좌절한 | 공허한 |
| | 짜증 나는 | 민망한 | 서운한 | 괴로운 | 안타까운 | 서러운 | 난감한 |
| | 원망스러운 | 답답한 | 어이없는 | 걱정되는 | 당황스러운 | 난처한 | 쑥스러운 |
| | 막막한 | 부담스러운 | 속상한 | 못마땅한 | 창피한 | 야속한 | 지겨운 |

### 지금 나의 감정을 3가지 적어 봅시다.

| 느낀 감정 | 이유 |
| --- | --- |
| | |
| | |
| | |

## 나의 감정 일기를 적어 봅시다.

1~2주 동안 자신의 감정을 파악해 봅시다. 경험한 감정을 적어 보고, 각 감정이 얼마나 강했는지 0~10점(전혀 없음~매우 강함)으로 점수를 부여해 봅시다(앞 페이지의 '감정 종류' 참고).

〈1주〉

| 요일 | 감정 | 강도(0~10) | 감정 | 강도(0~10) | 감정 | 강도(0~10) |
|---|---|---|---|---|---|---|
| 월 | | | | | | |
| 화 | | | | | | |
| 수 | | | | | | |
| 목 | | | | | | |
| 금 | | | | | | |
| 토 | | | | | | |
| 일 | | | | | | |

〈2주〉

| 요일 | 감정 | 강도(0~10) | 감정 | 강도(0~10) | 감정 | 강도(0~10) |
|---|---|---|---|---|---|---|
| 월 | | | | | | |
| 화 | | | | | | |
| 수 | | | | | | |
| 목 | | | | | | |
| 금 | | | | | | |
| 토 | | | | | | |
| 일 | | | | | | |

감정 일기를 적어 본 나의 소감을 기록해 봅시다. 1~2주간의 감정 일기에 표현된 나의 주된 감정은 무엇인지, 이러한 감정들의 주요 원인이 무엇인지 생각해 봅시다.

감정 일기에 부정적인 감정이 많다면, 이를 해결하기 위한 나만의 방안을 생각해 봅시다.

# 10 걱정과 불안 대처

년 월 일

## 걱정과 불안 직면

작은 불안과 걱정은 매우 유용할 수 있습니다. 다가올 문제에 적절한 행동을 취해 이를 해결하게 만들기 때문입니다. 그러나 가끔 지나친 걱정과 불안은 비합리적인 생각을 하게 합니다. 예를 들어, 회사에 지각하여 예정된 프레젠테이션을 제대로 진행하지 못했을 때, '큰일 났다. 내가 모든 걸 망쳤어.'라는 비합리적인 생각이 들 수도 있습니다. 하지만 '이제부터는 지각하지 않기 위해 알람을 더 일찍 맞춰야겠다.'라고 생각하거나 '다음 프레젠테이션을 더 잘해서 이번 실수를 만회해야지.'라고 생각할 수도 있겠죠!

| 걱정과 불안 | 비합리적 생각을 바꾸는 대안(생각) |
| --- | --- |
| 해 봤자야. 나는 지금껏 뭐 하나 잘된 게 없어. | 한번 해 보지 뭐. 적어도 완수할 기회는 있잖아. |
| 나쁜 일들이 생길 거야. 그런 느낌이 들어. | 무슨 일이 일어날지 누가 알겠어? 이런 기분이 항상 정확한 건 아니야. |
| 내가 일을 너무 못했어. 내가 다 망쳤어. | 완벽한 사람은 없어. 나는 보통 사람이고 실수할 수도 있지. |
| 모두가 나를 좋아해야 해. | 모두에게 사랑받는 사람은 없어. 살면서 나를 좋아하는 사람도 있고, 싫어하는 사람도 만날 수 있지. |
| 나는 이 상황을 견디기가 어려워. | 세상이 끝난 것도 아니잖아. 계속 열심히 살아야지 |
| 그 일에 대한 걱정을 멈출 수가 없어. | 걱정한다고 무슨 일이 되겠어. 기분만 더 나빠지지. |

**앞선 내용이 이해되었다면, 다음 단계로 가 봅시다.**

나의 걱정과 불안 그리고 비합리적인 생각을 바꾸는 대안에 대해 간단하게 적어 봅시다. 아무리 생각해도 대안이 떠오르지 않는다면, 주위에서 조언을 얻어도 좋습니다.

| | 걱정과 불안 | 비합리적 생각을 바꾸는 대안(생각) |
|---|---|---|
| 1 | | |
| 2 | | |
| 3 | | |
| 4 | | |
| 5 | | |

**스스로의 생각에 다음과 같은 표현이 있는지 생각해 봅시다.**

이러한 표현은 나의 걱정과 불안이 비합리적인지를 알려 주는 신호일 수도 있습니다.

- 항상, 늘, 자주, 모두
- ~해야만 해.
- 절대 ~하면 안 돼.
- A가 아니면, 무조건 B야.

## 걱정과 불안이 합리적일 때

물론 걱정과 불안이 합리적일 때도 있습니다. 예를 들어, 잦은 지각으로 동료와 상사에게 부정적 평가를 받을 것이라는 걱정을 가정해 봅시다. 이러한 상황에서 걱정은 나의 '지각하는 행동'을 변화시키고 문제 상황을 해결할 수 있게 합니다. 그러나 합리적인 걱정이 아닐 경우, 앞으로 연습할 이완 · 호흡 · 운동 및 산책 등의 방법이 더 적절합니다.

**다음 단계로 넘어가서 나의 걱정과 불안 그리고 비합리적인 생각을 바꾸는 대안에 대해 좀 더 구체적으로 적어 봅시다. (앞서 96쪽에서 적었던 내용에서 어떤 것이 구체화되고 변화했는지 생각해 봅시다)**

걱정과 불안 상황을 통해 무엇을 배웠나요? 이 경험을 통해 어떤 긍정적인 변화가 있었나요? 내가 지금 할 수 있는 가능한 일은 무엇일까요?

| | 걱정과 불안 | 비합리적 생각을 바꾸는 대안(생각) |
|---|---|---|
| 1 | | |

| | | |
|---|---|---|
| 2 | | |
| 3 | | |
| 4 | | |
| 5 | | |

# 11 복식호흡 훈련

년 월 일

## 복식호흡 — 전, 후를 비교해 보기

스트레스를 받으면 화나거나 긴장하며, 가슴이 들썩이고 호흡이 빨라지는 반응이 나타납니다. 우리 몸의 감각이 이렇게 반응하면, 우리의 마음은 다시 긴장을 느끼게 됩니다. 마찬가지로, 마음이 안정된 상태에서는 이완되고 편안한 감각을 느낍니다.

우리가 스트레스를 받으면 얕고 짧게 호흡하게 되는데, 이러한 호흡 방식은 마음을 더욱 불안하게 합니다. 반대로, 편안하고 이완된 신체 감각은 심리적 안정으로 이어진답니다. 따라서 긴장되거나 스트레스를 받았을 때 복식호흡을 하게 되면, 신체가 이완되어 심리적 안정감에 도움이 될 수 있습니다.

**마음을 진정시키는 복식호흡 훈련을 해 봅시다!**

체온계가 있다면 복식호흡 전후에 측정하여 체온의 변화도 경험해 봅시다. 아래 QR 코드에 연결된 영상을 따라 하며, 몸과 마음의 안정을 느껴 봅시다.

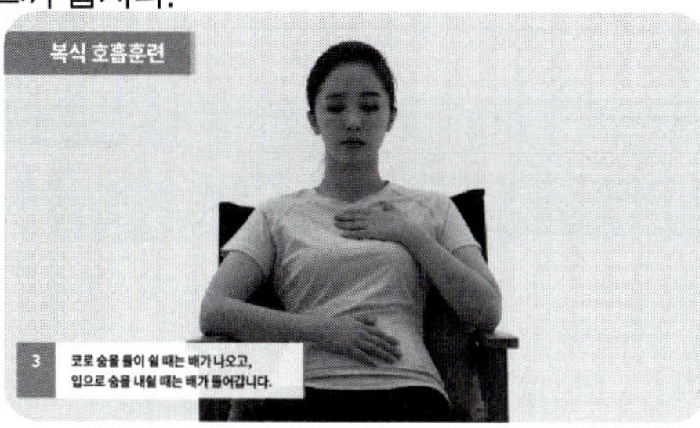


복식호흡 설명 영상

출처: 보건복지부 국립정신건강센터(2020).

**복식호흡 훈련을 하기 전과 후에 차이가 느껴지셨나요? 우리 몸이 이완되면, 체온이 살짝 올라가면서 긴장이 풀린다고 합니다. 다음 페이지에 있는 '긴장 수준 기록지'를 활용해서 복식호흡 훈련 전과 후 내 몸의 변화를 눈으로 확인해 봅시다!**

□ 복식호흡 훈련 긴장 수준 기록지

| 1점 | 2점 | 3점 | 4점 | 5점 | 6점 |
|---|---|---|---|---|---|
| 완전히 이완된, 긴장 없음 | 매우 이완된 | 약간 이완된 | 약간 긴장된 | 매우 긴장된 | 극도로 긴장된 |

| 날짜 | 훈련 시간 | 긴장 수준 | | 체온 | | 느낀 점 |
|---|---|---|---|---|---|---|
| | | 전 | 후 | 전 | 후 | |
| | | | | | | |
| | | | | | | |
| | | | | | | |
| | | | | | | |
| | | | | | | |
| | | | | | | |
| | | | | | | |
| | | | | | | |
| | | | | | | |
| | | | | | | |

# 12 점진적 근육 이완 훈련

년 월 일

## 점진적 근육 이완 — 전, 후를 비교해 보기

내 몸과 마음을 이완시켜 봅시다! 긴장된 근육을 풀어 주는 이완법을 통해, 몸의 긴장을 먼저 풀어 봅시다. 의식적으로 이완하고자 노력하는 사이 흥분되어 있던 교감신경계도 진정될 거예요. 불안은 신체적 긴장과 수축을 동반하니, 근육을 이완시키면 불안을 잠재울 수 있답니다.

### 점진적 근육 이완법이란?

우리가 스트레스를 받고 불안함을 느끼는 상황에 처하면, 우리의 뇌 속에 있는 '교감신경계'가 활성화됩니다. 교감신경계는 우리의 몸이 적과 싸우거나 도망칠 수 있도록(fight or flight) 준비시키는 역할을 하는 기관입니다. 이 교감신경계가 활성화되면, 전신의 근육이 긴장 상태가 되고, 소화 기능은 활동을 멈추며, 심장은 빨리 뛰는 흥분 상태가 됩니다. 우리는 이렇게 몸을 긴장하면서 불안과 스트레스를 느낍니다. 반대로, 몸을 이완시키면 그만큼 불안과 스트레스를 덜 느끼게 되지요. 점진적 근육 이완법은 제이콥슨(Jacobson, 1938)에 의해 개발된 방법으로, 주요 신체 부위의 근육을 일부러 점진적으로 수축시켰다가 서서히 풀어 주는 동작을 반복하는 방식을 활용합니다. 내 몸의 근육을 의식적으로, 천천히 조절하면서 긴장 상태를 조절할 수 있습니다.

### 점진적 근육 이완법, 따라 해 봅시다!

아래 QR 코드에 연결된 영상을 따라 하며, 몸과 마음을 이완시켜 봅시다. 반복적인 연습을 통해 일상에서 충분히 활용하도록 합니다.

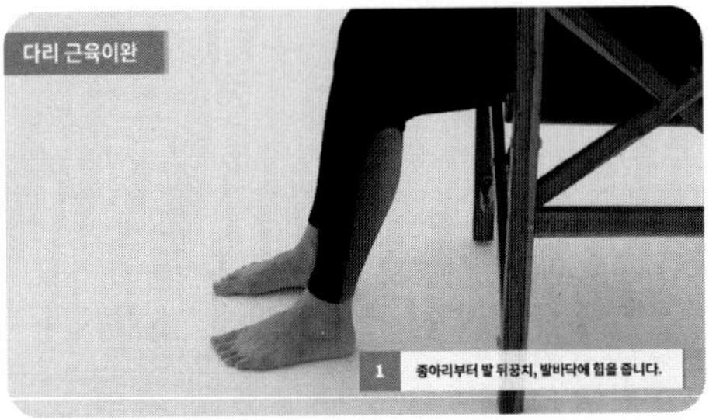


점진적 근육 이완법
설명 영상

출처: 보건복지부 국립정신건강센터(2020).

점진적 근육 이완 훈련을 하기 전과 후의 차이가 느껴지시나요? 우리 몸이 이완되면, 체온이 살짝 올라가면서 긴장이 풀린다고 합니다. (다음 페이지에 있는 '긴장 수준 기록지'를 활용해서 근육 이완 훈련 전과 후 내 몸의 변화를 눈으로 확인해 봅시다!)

## □ 점진적 근육 이완 훈련 긴장 수준 기록지

| 1점 | 2점 | 3점 | 4점 | 5점 | 6점 |
|---|---|---|---|---|---|
| 완전히 이완된, 긴장 없음 | 매우 이완된 | 약간 이완된 | 약간 긴장된 | 매우 긴장된 | 극도로 긴장된 |

| 날짜 | 훈련 시간 | 긴장 수준 | | 체온 | | 느낀 점 |
|---|---|---|---|---|---|---|
| | | 전 | 후 | 전 | 후 | |
| | | | | | | |
| | | | | | | |
| | | | | | | |
| | | | | | | |
| | | | | | | |
| | | | | | | |
| | | | | | | |
| | | | | | | |
| | | | | | | |
| | | | | | | |

# 13 운동하기

년 월 일

'요즘 스트레스를 많이 받아서 더 늙었다.'라는 말이 과학적으로 증명되었다는 것 알고 계셨나요? 우리 몸 안의 세포들이 분열할 때마다 텔로미어라는 DNA 조각들이 점점 짧아지고, 이것을 우리는 '노화'라고 부릅니다. 그런데 스트레스 호르몬인 코르티솔은 이 텔로미어를 점점 짧게 만들어 노화를 촉진합니다(O'Donovan et al., 2012).

여러 논문에서 밝힌 바와 같이, 이를 대처할 수 있는 좋은 방법은 바로 '운동'입니다. 걷기, 요가, 수영, 달리기, 웨이트 트레이닝 등 어떤 운동이든 좋습니다. 쉽게 시작할 수 있는 운동, 흥미로운 운동으로 정해 봅시다.

## 운동 습관을 만들어 보기

2주 동안 운동 한 가지를 정해서 매일 직접 해 봅시다. 거창한 운동이 아니어도 좋습니다. 하루 5분이어도 괜찮습니다. 버스나 지하철을 탈 때 한 정거장 전에 내려서 걷거나, 배달 대신 포장해서 들고 오거나, 엘리베이터 한 층 전에 내려서 걸어 올라가는 것도 훌륭한 운동이 될 수 있습니다. 아주 간단한 것부터 시도해 봅시다.

## 운동 목표를 설정해 봅시다.

| 목표 | | |
|---|---|---|
| | 어떤 운동 혹은 활동 | |
| | 언제, 어디서 | |
| | 어느 정도 | |

| 날짜 | 시간 | 소요 시간 | 운동 항목 | 성취도 (0~10점) |
|---|---|---|---|---|
| 3월 1일 | 점심 식사 후 12:50 | 5분 | 허리 스트레칭 | 7점 |
| | 퇴근 후 19:00 | 5분 | 국민체조 | 3점 |
| | | | | |
| | | | | |
| | | | | |
| | | | | |
| | | | | |
| | | | | |
| | | | | |
| | | | | |
| | | | | |
| | | | | |
| | | | | |
| | | | | |
| | | | | |
| | | | | |
| | | | | |
| | | | | |

### 2주가 지난 지금 어떤 변화가 있나요?

| 운동 시작 전 | 운동 시작 후 변화 | 목표 조절하기 |
|---|---|---|
| | | |

### 2주 동안 또 한번 실천해 봅시다.

| 날짜 | 시간 | 소요 시간 | 운동 항목 | 성취도 (0~10점) |
|---|---|---|---|---|
| | | | | |
| | | | | |
| | | | | |
| | | | | |
| | | | | |
| | | | | |
| | | | | |
| | | | | |
| | | | | |
| | | | | |
| | | | | |
| | | | | |

### 2주가 지난 지금 어떤 변화가 있나요?

| 운동 시작 전 | 운동 시작 후 변화 | 목표 조절하기 |
|---|---|---|
| | | |

운동을 시작하고 나서 몸과 마음의 변화를 느끼기 시작했다면, 그 변화는 분명히 긍정적인 방향으로 가고 있는 것입니다. 처음에는 작은 변화부터 느껴지겠지만, 시간이 지나면서 몸의 에너지 수준, 스트레스 해소, 그리고 전반적인 건강에 큰 차이를 만들어낼 수 있습니다. 2주 동안의 운동 습관을 점검하고, 앞으로도 꾸준히 실천할 수 있도록 목표를 다시 설정해 보세요. 작은 변화가 모여 큰 성과를 이루어 냅니다.

# 제4부

# 나, ________ 긍정하기

(* 밑줄 안에 본인의 이름이나 닉네임을 적어 주세요)

" 자신의 강점을 찾고 부정적인 감정을 줄일 수 있는 다양한 방법에 대해 알아봅시다. "

우리 몸에는 완벽한 약국이 있다.
우리는 어떤 병도 고칠 수 있는 강력한 약을 가지고 있다.
그것은 웃음이다.

– 노먼 커즌스 –

앞으로는 너에게 고통을 가져다주는 일이 일어날 때마다
잊지 말고 다음의 원칙을 적용하라.
"이것은 불운이 아니다.
오히려 이것을 용감하게 참고 견디는 것은 행운이다."

– 『명상록』 마르쿠스 아우렐리우스 –

13

# 강점 확인

년 월 일

## 강점에 주목하는 삶

부정적인 정서를 유발하는 만성적 스트레스와 달리, 자신의 성격 강점과 이를 활용하는 행동은 긍정적인 정서를 증진하는 데 도움이 됩니다. 성격 강점을 확인하고 자주 활용한다면, 개인의 긍정 자원은 더욱 증진되고 스트레스는 감소한다는 연구 결과가 있습니다. 내가 모르더라도 가족이나 친구가 알려 준 강점을 활용해 봅시다.

강점 목록 중에서 '나를 잘 나타낸다'고 느껴지는 항목 3가지를 직관적으로 골라 봅시다.

| 지혜 | 선택 | 인간애 | 선택 | 용기 | 선택 |
| --- | --- | --- | --- | --- | --- |
| 창의성 | | 사랑 | | 용감성 | |
| 호기심 | | 이타성(친절) | | 끈기(인내) | |
| 판단 및 개방성 | | 사회지능 | | 진실성(정직) | |
| 학구열 | | | | 활력(열정) | |
| 지혜(통찰) | | | | | |
| 용서 | | 시민의식(협동성) | | 심미안 | |
| 겸손 | | | | 감사 | |
| 신중성 | | 공정성 | | 희망(낙관) | |
| 자기조절 | | 리더십 | | 유머 | |
| | | | | 영성 | |

## 성격 강점 파악하기

본인의 강점을 잘 모르겠다면 성격 강점 척도를 통해 본인의 강점을 확인해 봅시다. 우리가 사용할 성격 강점 척도는 셀리그먼의 VIA 성격 강점 척도(Values in Action Inventory of Strength: VIA-IS)를 48문항으로 축약한 것으로 김인자(2006)가 번안하였으며, 24개의 성격 강점을 측정합니다.

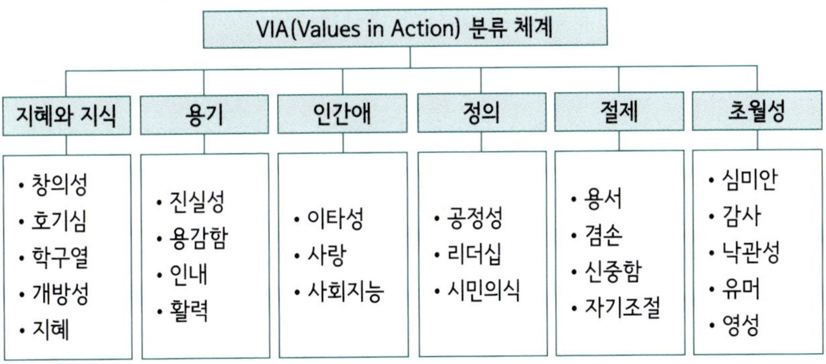


6개의 핵심 덕목과 24개의 성격 강점

출처: Peterson & Seligman(2004).

**지혜와 지식(wisdom and knowledge)**

지식의 습득 및 활용과 관련된 인지적 강점입니다. 행복한 삶을 위해서 지식과 정보를 습득하고 활용하며 현명한 판단과 지적인 성취를 돕습니다. 자신이 배우고 습득한 것을 타인과 함께 나눌 줄 아는 성숙한 사람에게서 나타나는 덕목으로 지혜와 지식은 다른 덕목의 구현을 돕습니다.

- **창의성**(creativity): 어떤 일을 할 때 참신하고 생산적인 방식으로 사고하고 행동하는 것
- **호기심**(curiosity): 참여하고 있는 활동에 관심과 주의를 기울이고, 일어나고 있는 모든 경험과 현상에 관심과 흥미를 갖는 것
- **학구열**(love of learning): 새로운 기술 · 주제 · 지식을 배우고 숙달하려는 동기
- **개방성**(open-mindedness): 사물이나 현상을 다양한 측면에서 생각하고 검토하는 것. 관련된 증거를 동등하게 취급하고 새로운 증거와 정보에 따라 자신의 생각과 신념을 수정하는 태도
- **지혜**(통찰, perspective): 합리적인 방식으로 사고하며 역지사지의 관점을 통해 자신과 더불어 타인과 세상을 이해하고 전체적인 관점에서 조망하여 타인에게 지혜롭고 현명한 조언을 해 줄 수 있는 능력

**용기(courage)**

목표를 성취해 나가는 과정에서 내적 · 외적으로 당면한 어려움을 강한 의지로 극복하고 목표를 이루려는 정서적 덕목입니다.

- **진실성**(정직, authenticity): 자신의 생각과 감정에 대해 진실을 말하며, 자신을 진정한 방식으로 나타내고 행동하는 것
- **용감함**(bravery): 위험 · 도전 · 난관 · 고통에 굴복하지 않고 극복하는 능력으로 타인의 시선에 아랑곳하지 않으며 자신이 옳다고 생각하는 신념에 따라 행동하는 것

• 인내(persistence): 시작한 일은 끝까지 마무리하여 완성하는 능력이며, 자신이 성취하고자 하는 일에 어려움이 있더라도 계획된 행동을 지속하는 것

• 활력(vitality): 자신의 삶과 일을 열정적이고 활기차게 수행해 내며, 일상의 활동에 적극적으로 참여하며 생기와 생동감을 느끼는 것

**인간애(humanity)**

도움을 필요로 하는 사람을 기꺼이 돕고 타인의 감정과 가치를 존중하며, 타인을 보살피고 친밀한 관계를 맺는 긍정적인 대인관계적 덕목입니다.

• 이타성(친절, kindness): 자신의 개인적인 이득에 상관없이 타인에게 호의와 선행을 베푸는 것

• 사랑(love): 타인과의 관계에서 친밀함을 소중히 여기고, 사랑하고 사랑받을 줄 아는 능력. 타인을 돌보고 헌신하며, 그 안에서 깊은 만족을 느끼는 것

• 사회지능(social intelligence): 자신 및 타인의 동기와 감정을 잘 알아차리고 대인관계를 잘 맺으며, 사회적 상황에서 적절하게 행동할 줄 알고 타인이 하는 행동의 이유를 잘 파악하는 것

**정의(justice)**

개인과 집단 간의 원활한 상호작용이 이루어질 수 있도록 하는 시민의식과 관련된 사회적 강점입니다. 이러한 의식 있는 태도는 공동체 구성원들의 건강한 삶에 기여하는 공공의 덕목입니다.

- **공정성**(fairness): 개인의 주관적이고 편향된 감정의 개입 없이 모든 사람에 균등한 기회를 제공하고 동등하게 대하려는 태도
- **리더십**(leadership): 집단의 공동 목표를 위해 구성원들과 활동을 조직하고 관리하는 능력. 소속된 집단 구성원들의 특성을 파악하고 좋은 관계를 유지하여 구성원들이 각자 자신의 일을 잘할 수 있도록 이끌어 주는 것
- **시민의식**(citizenship): 자신이 속한 사회와 집단의 이익을 추구하고 자신이 맡은 역할에 대한 책임감 있는 태도를 갖는 것. 이러한 공동체 의식은 구성원들의 협동을 도모하고 평등하고 공평한 사회를 실현하는 데 중요한 강점

**절제(temperance)**

극단적인 지나침이나 독단에 빠지지 않도록 우리를 보호해 주는 중용적인 덕목입니다.

- **용서**(forgiveness): 자신을 힘들게 하고 고통을 준 사람을 관대하게 용서하고 앙심을 품지 않는 것
- **겸손**(modesty): 자신이 이룬 성취에 대해 과장하거나 내세우지 않고, 자신을 낮추고 자신에 대해 절제된 평가를 하려는 태도
- **신중함**(prudence): 어떤 일을 선택하고 결정할 때 신중하게 검토하고 조심스럽게 실행하는 태도를 말하며, 나중에 후회할 말과 행동을 하지 않는 것
- **자기조절**(self-regulation): 자신의 욕구와 감정, 행동 등을 조절하고 통제하는 것을 의미하며 이를 통해 사회적으로 바람직한

행동을 하려는 것

**초월성(transcendence)**

보다 큰 세계인 우주와의 연결성을 추구하고 나타나는 모든 현상과 행위에 의미를 부여하는 초월적 또는 영적 덕목입니다.

- **심미안**(appreciation of beauty and excellence): 자연을 포함한 삶의 다양한 영역에서 아름다움을 인식하고 추구하며 탁월함. 뛰어난 수행을 섬세하게 알아차리고 평가하는 것
- **감사**(gratitude): 타인에게 받은 호의와 배려를 알아차리고 좋은 일들이 일어난 것에 감사할 줄 아는 태도
- **낙관성**(희망, hope): 미래에 대한 긍정적인 기대와 소망으로, 소망하는 일이 반드시 이루어질 것이라는 믿음과 그것을 위해 최선을 다해 노력하는 태도
- **유머**(humor): 삶에서 긍정적인 면과 밝은 면을 볼 줄 알며, 즐겁고 유쾌한 것을 좋아하고 다른 사람을 웃게 하는 능력으로, 친화적인 인간관계 형성에 도움이 됨
- **영성**(spirituality): 삶의 궁극적인 목적과 의미에 대해 숙고하고 신념을 갖고 살아가는 태도. 또한 자신이 우주의 한 부분으로 우주적 존재임을 알고 초월적인 측면인 궁극적이고 절대적인 것과 영원하고 성스러운 것에 관심과 믿음을 지속적으로 갖는 것

다음 장으로 넘기기 전에, '성격 강점 척도'에 대해 응답해 주세요.

### ㅁ성격 강점 척도

• 각 문항을 읽고 귀하의 생각이나 느낌에 가장 가까운 곳(나와 매우 다르다–나와 매우 비슷하다)에 ○ 표시해 주세요. 그리고 두 문항의 점수를 합하여 각 강점 밑의 합 칸에 적어 주세요. 그리고 이 합 점수가 가장 높은 3가지가 무엇인지 파악해 봅시다.

| 강점 | 문항 | 나와 매우 다르다 | 나와 다르다 | 보통이다 | 나와 비슷하다 | 나와 매우 비슷하다 |
|---|---|---|---|---|---|---|
| 창의성<br>(합: ) | 어떤 일을 하는 데 필요한 새로운 방법을 찾는 것을 좋아한다. | 1 | 2 | 3 | 4 | 5 |
| | 내 친구들은 대부분 나보다 상상력이 뛰어나다. | 5 | 4 | 3 | 2 | 1 |
| 호기심<br>(합: ) | 언제나 세상에 대해 호기심이 많다. | 1 | 2 | 3 | 4 | 5 |
| | 쉽게 싫증을 낸다. | 5 | 4 | 3 | 2 | 1 |
| 학구열<br>(합: ) | 새로운 것을 배울 때 전율을 느낀다. | 1 | 2 | 3 | 4 | 5 |
| | 박물관이나 다른 교육적 장소에 한 번도 가 본 적이 없다. | 5 | 4 | 3 | 2 | 1 |
| 개방성<br>(합: ) | 판단력이 필요한 주제가 있을 때면, 아주 이성적으로 사고한다. | 1 | 2 | 3 | 4 | 5 |
| | 성급하게 판단하는 경향이 있다. | 5 | 4 | 3 | 2 | 1 |
| 사회지능<br>(합: ) | 어떤 성격의 단체에 가도 잘 적응할 수 있다. | 1 | 2 | 3 | 4 | 5 |
| | 다른 사람들의 감정에 아주 둔하다. | 5 | 4 | 3 | 2 | 1 |

| 강점 | 문항 | 나와 매우 다르다 | 나와 다르다 | 보통이다 | 나와 비슷하다 | 나와 매우 비슷하다 |
|---|---|---|---|---|---|---|
| 지혜 (합: ) | 항상 꼼꼼히 생각하고 더 큰 것을 볼 줄 안다. | 1 | 2 | 3 | 4 | 5 |
| | 내게 조언을 구하러 오는 사람은 거의 없다. | 5 | 4 | 3 | 2 | 1 |
| 용감성 (합: ) | 강력한 반대를 무릅쓰고 내 주장을 고수할 때가 많다. | 1 | 2 | 3 | 4 | 5 |
| | 고통과 좌절 때문에 내 의지를 굽힐 때가 많다. | 5 | 4 | 3 | 2 | 1 |
| 끈기(인내) (합: ) | 한번 시작한 일을 끝까지 해낸다. | 1 | 2 | 3 | 4 | 5 |
| | 일을 할 때면 딴전을 피운다. | 5 | 4 | 3 | 2 | 1 |
| 진실성 (합: ) | 약속을 반드시 지킨다. | 1 | 2 | 3 | 4 | 5 |
| | 친구들은 내게 솔직히 말하는 법이 없다. | 5 | 4 | 3 | 2 | 1 |
| 친절 (합: ) | 자발적으로 이웃을 도와준다. | 1 | 2 | 3 | 4 | 5 |
| | 다른 사람의 행운을 내 일처럼 좋아한 적이 거의 없다. | 5 | 4 | 3 | 2 | 1 |
| 사랑 (합: ) | 본인의 기분과 행복 못지않게 내 기분과 행복에 관심을 기울이는 사람이 있다. | 1 | 2 | 3 | 4 | 5 |
| | 다른 사람들이 베푸는 사랑을 제대로 받아들이지 못한다. | 5 | 4 | 3 | 2 | 1 |
| 시민의식 (협동) (합: ) | 어떤 단체에 가입하면 최선을 다한다. | 1 | 2 | 3 | 4 | 5 |
| | 소속 집단의 이익을 위해 내 개인적인 이익을 희생시킬 생각은 없다. | 5 | 4 | 3 | 2 | 1 |

| 강점 | 문항 | 나와 매우 다르다 | 나와 다르다 | 보통이다 | 나와 비슷하다 | 나와 매우 비슷하다 |
|---|---|---|---|---|---|---|
| 공정성 (합:　　　) | 어떤 사람에게든 똑같이 대한다. | 1 | 2 | 3 | 4 | 5 |
| | 내가 싫어하는 사람을 공정하게 대하기가 힘들다. | 5 | 4 | 3 | 2 | 1 |
| 리더십 (합:　　　) | 일일이 참견하지 않고도 사람들이 단합해 일하도록 이끌어 준다. | 1 | 2 | 3 | 4 | 5 |
| | 단체 활동을 조직하는 데는 소질이 없다. | 5 | 4 | 3 | 2 | 1 |
| 자기조절 (합:　　　) | 내 정서를 다스릴 줄 안다. | 1 | 2 | 3 | 4 | 5 |
| | 다이어트나 건강관리를 오래 하지 못한다. | 5 | 4 | 3 | 2 | 1 |
| 신중 (합:　　　) | 다칠 위험이 있는 일은 하지 않는다. | 1 | 2 | 3 | 4 | 5 |
| | 나쁜 친구를 사귀거나 나쁜 사람을 만나는 경우가 있다. | 5 | 4 | 3 | 2 | 1 |
| 겸손 (합:　　　) | 다른 사람들이 나를 칭찬할 때면 슬그머니 화제를 돌린다. | 1 | 2 | 3 | 4 | 5 |
| | 스스로 한 일을 추켜세우는 편이다. | 5 | 4 | 3 | 2 | 1 |
| 심미안 (합:　　　) | 음악, 미술, 연극, 영화, 스포츠, 과학, 수학의 아름다움과 경이로움을 보고 전율한 적이 있다. | 1 | 2 | 3 | 4 | 5 |
| | 평소에 아름다움과는 전혀 무관하게 지낸다. | 5 | 4 | 3 | 2 | 1 |
| 감사 (합:　　　) | 아무리 하찮은 일이라도 항상 고맙다고 말한다. | 1 | 2 | 3 | 4 | 5 |
| | 내가 받은 은혜에 대해 거의 생각하지 않는다. | 5 | 4 | 3 | 2 | 1 |

| 강점 | 문항 | 나와 매우 다르다 | 나와 다르다 | 보통이다 | 나와 비슷하다 | 나와 매우 비슷하다 |
|---|---|---|---|---|---|---|
| 희망<br>(합: ) | 항상 긍정적인 면만 본다. | 1 | 2 | 3 | 4 | 5 |
| | 내가 하고 싶은 일을 하기 위해 철저하게 계획한 적이 거의 없다. | 5 | 4 | 3 | 2 | 1 |
| 영성<br>(합: ) | 삶의 목적이 뚜렷하다. | 1 | 2 | 3 | 4 | 5 |
| | 사명감이 없다. | 5 | 4 | 3 | 2 | 1 |
| 용서<br>(합: ) | 과거의 것을 문제 삼지 않는다. | 1 | 2 | 3 | 4 | 5 |
| | 기어코 복수하려고 애쓴다. | 5 | 4 | 3 | 2 | 1 |
| 유머<br>(합: ) | 되도록 일과 놀이를 잘 배합한다. | 1 | 2 | 3 | 4 | 5 |
| | 우스갯소리를 거의 할 줄 모른다. | 5 | 4 | 3 | 2 | 1 |
| 열정<br>(합: ) | 무슨 일을 하든 전력투구한다. | 1 | 2 | 3 | 4 | 5 |
| | 의기소침할 때가 많다. | 5 | 4 | 3 | 2 | 1 |

**ㅁ '성격 강점 척도'에 대한 결과**

① 나의 강점 3가지

- 
- 
- 

② 가족 또는 친구가 말해 주는 나의 강점 3가지

- 
- 
- 

### ③ 강점 이용 경험

- 
- 
- 

### ④ 강점을 활용한 성과

- 
- 
- 

**덧붙이기**

강점을 파악하고 이를 활용하는 것이 왜 부정 정서에 효과적일까요? 이에 대해 알아보기 위해, 간단한 심리 실험을 진행해 봅시다. 우선, 앞으로 1분간 하얀 곰에 대해서 생각하지 마세요. 동시에 하얀 곰이 생각날 때마다 어딘가에 기록해 봅시다. 이제 1분 동안 다른 일을 하면서 최대한 생각을 분산시켜 봅시다.

1분이 지났나요? 당신은 몇 번이나 하얀 곰을 떠올렸나요?

이 실험은 '생각하지 말라'고 요구하는 것 자체가 당신의 주의를 하얀 곰에 집중시켜 더 생각나게 하는 사고 억제의 역설적 효과를 보여 주는 실험입니다. 이러한 실험은 부정적 감정을 없애려고 노력하는 것이 오히려 우리에게 부정적 감정을 떠오르게 한다는 것을 설명해 줍니다.

체중 감량을 하려면, 운동에 관심을 가지는 것이 음식 조절에 관심을 가지는 것보다 바람직합니다(Prochaska & Sallis, 2004). 음식에 초점을 두면, 음식 생각이 자주 떠올라서 음식 조절이 오히려 힘들어집니다.

즉, 강점에 초점을 둔다면 긍정적인 목표가 좀 더 자주 떠오를 것이고, 부정적인 생각을 덜 떠올리는 데 도움이 될 것입니다.

# 14 긍정적 감정을 만드는 6가지 방법

년 월 일

## 기분 좋은 느낌 찾기

일상생활에서 쉽게 찾을 수 있는 기분 좋은 느낌을 찾아봅시다 (예: 샤워한 후의 개운한 느낌, 모닥불 앞에 앉았을 때의 따뜻한 느낌, 사랑하는 사람과 입맞춤할 때의 느낌, 산책했을 때의 편안함 등). 한 문장으로 표현해도 되고, 상황 전체를 묘사해도 좋습니다.

| | 기분 좋은 느낌이나 나를 편안하게 해 주는 것 |
|---|---|
| 1 | |
| 2 | |
| 3 | |
| 4 | |
| 5 | |

| 6 | |
|---|---|
| 7 | |
| 8 | |
| 9 | |
| 10 | |
| 11 | |
| 12 | |
| 13 | |
| 14 | |
| 15 | |
| 16 | |
| 17 | |
| 18 | |
| 19 | |
| 20 | |

**덧붙이기**

'기분 좋은 느낌 찾기'는 언어로 그런 느낌을 표현하는 훈련입니다. 기분이 좋아지는 느낌에 주목하면 그런 경험도 더 많아진다는 사실을 알고 계셨나요? 바닐라 아이스크림을 먹을 때, 아기의 손을 잡았을 때, 아름다운 악기 소리를 들었을 때 등 기분 좋은 느낌을 발견할 때마다 말로 정확하게 표현하며 이름을 붙여 봅시다. 그럴수록 세상에 나를 기분 좋게 하는 느낌이 얼마나 많은지 깨닫게 될 거예요. 예를 들어, 피곤할 때 이불 속에 들어가 부드러운 감촉을 느끼고 몸이 따듯해지는 것을 '포근함' '안락함' 혹은 스스로 그 느낌에 이름을 붙여 '봉봉함'이라고 불러 보는 것입니다. 언어의 영향은 우리가 생각하는 것보다 훨씬 큽니다. 언어는 사람 사이의 관계에 사용될 뿐만 아니라 그 사람의 기억 · 심리 · 감정 조절에도 중요하게 작용하고 있습니다.

긍정적인 감정과 기분 좋은 느낌을 기억하고 선택하는 데 도움이 되는 것은 언어뿐만이 아닙니다. 후각 · 청각 · 촉각 · 시각 등도 큰 영향을 미치는데, 연구에 따르면 특히 후각에 대한 자극이 가장 빠르고 선명하다고 알려져 있습니다. 지금 내 기분을 좋아지게 하는 향이나 이미지, 소리 등을 탐색해 봅시다. 그 과정이 나의 삶을 더 긍정적이고 즐겁게 만들어 줄 것이 분명합니다.

## 긍정적 감정 공유하기 — 매일 하기

하루를 정리하면서 나에게 있었던 좋은 일들을 10분간 가족이나 친구와 공유하고 그 내용을 짧게 메모해 봅시다.

| | 나에게 일어난 좋은 일들 | 상대방에게 일어난 좋은 일들 |
|---|---|---|
| 1 | | |
| 2 | | |
| 3 | | |

**덧붙이기**

우리는 보통 타인과 걱정거리를 나누면서 스트레스에 대응하곤 합니다. 하지만 기쁘고 긍정적인 감정을 더 많이 나눈다면, 서로의 기분이 더 좋아지고 관계도 좋아질 수 있어요. 그러니 오늘 있었던 좋은 일, 새로운 사건을 가족이나 친구와 공유해 봅시다! 여기서 중요한 점은 '그런데'와 같은 말을 최대한 삼가는 것입니다. 예를 들어, "오늘 옛 친구에게 전화가 왔어. 그런데 너무 오랜만이라 어색하기만 했어."라고 하지 말고, '그런데'부터는 아예 생략해도 좋아요. 오직 좋은 일과 새로운 사건의 긍정적인 면에만 주목해야 한답니다.

## 이상적인 모습 상상하기

휴대전화를 꺼내 카메라 렌즈에 비친 나를 바라보며 어떤 부분이 바뀌길 바라는지 생각해 봅시다. 어떤 것이 더 긍정적이고 건강한 나의 이미지일까요? 눈을 감고 미소를 지으면서, 바라는 모습으로 변신한 나를 상상해 봅시다. 실제로 더 긍정적이고 건강한 모습으로 바뀔 수 있다는 느낌이 들 때까지 상상한 후에 천천히 눈을 떠 봅시다. 다시 카메라 렌즈를 보며 바뀐 나의 모습을 상상하며 "멋지다." "할 수 있어." 등의 응원과 격려, 칭찬을 해 줍니다.

## 포스트잇 연습

좋아하는 색깔의 포스트잇을 선택해 긍정적인 단어나 문장을 써서 잘 보이는 곳에 붙여 봅시다. 사무실 컴퓨터, 화장대 거울, 침실 문 등, 특히 습관적으로 자신에게 부정적인 암시를 거는 사람이라면 긍정적 분위기를 조성하는 데 큰 도움이 될 것입니다.

**덧붙이기**

'이상적 자기'나 '포스트잇' 훈련의 경우, 효과를 의심하며 아예 시도조차 하지 않는 사람들도 있습니다. 하지만 해 보지 않으면 절대 그 효과를 알 수 없으니 긍정적 암시의 효과를 믿어 봅시다!

- 포스트잇에 적어서 잘 보이는 곳에 붙여 놓기(포스트잇 위에는 '긍정적인 말'이라고 써 놓을 것)

한 번 사는 인생
행복하게 살자!!

성공이란
역경과 시련을
극복하는 것이다!!

남들과 비교하기
보다는 스스로에게
당당하자!!

작은 실천이 큰
성공을 만들어 낸다!!

매일 매일 조금 더
성장하자!!

## 감사 일기 쓰기 — 3주간 매일 하기

**매일 저녁 오늘 내가 감사하고 싶은 사람, 일, 사물 등을 기록해 봅시다.**

〈1주〉

| 오늘의 감사한 일 한 줄 적기 | | | | | |
|---|---|---|---|---|---|
| | 1 | 2 | 3 | 4 | 5 |
| 월 | | | | | |
| 화 | | | | | |
| 수 | | | | | |
| 목 | | | | | |
| 금 | | | | | |
| 토 | | | | | |
| 일 | | | | | |

〈2주〉

| 오늘의 감사한 일 한 줄 적기 | | | | | |
|---|---|---|---|---|---|
| | 1 | 2 | 3 | 4 | 5 |
| 월 | | | | | |
| 화 | | | | | |
| 수 | | | | | |
| 목 | | | | | |
| 금 | | | | | |
| 토 | | | | | |
| 일 | | | | | |

〈3주〉

| 오늘의 감사한 일 한 줄 적기 | | | | | |
|---|---|---|---|---|---|
| | 1 | 2 | 3 | 4 | 5 |
| 월 | | | | | |
| 화 | | | | | |
| 수 | | | | | |
| 목 | | | | | |
| 금 | | | | | |
| 토 | | | | | |
| 일 | | | | | |

**덧붙이기**

감사하고 싶은 대상이 나 자신일 수도 있습니다. 감사 일기를 쓸 때는 단순히 가짓수를 채우는 데 급급하기보다, 각 항목을 쓰면서 그 대상에 진심으로 감사함을 느끼는 것이 중요합니다. 연구에 따르면, 감사의 감정을 느끼는 데에는 항목당 약 17~30초가 소요됩니다. 5가지를 다 채우지 못하더라도, 진정으로 감사한 마음이 드는 내용을 적는 것이 더 중요합니다.

감사는 에너지가 가득한 긍정적 감정입니다. 그럼에도 우리는 평소에 남을 탓하거나 서운해하고, 심지어 운명을 원망하는 데 너무 많은 시간을 보내고 있는 것은 아닐까요? 우리는 주변의 모든 사람과 환경이 선사하는 것에 대해 감사하는 시간이 너무나 적습니다. '오늘 날씨가 이토록 아름다운 데 감사한다.' '할 일을 끝까지 완수한 나에게 감사한다.' 감사 일기는 단기간이 아닌 1달 정도 꾸준히 작성해서 생활 습관으로 만들어야 합니다.

세 잎 클로버의 의미는 '행복', 네 잎 클로버의 의미는 '행운'입니다. 우리 주변에 많은 세 잎 클로버를 보지 않고 네 잎 클로버만을 찾고 있지는 않나요?

## 긍정적인 대인관계 만들기

다음 상황에서 당신이라면 어떻게 반응할지 떠올려 보고, 평소의 대처 방식을 자유롭게 적어 봅시다.

| 상황 | 대답 |
|---|---|
| 업무 보고 발표를 전반적으로 잘 마쳤지만, 일부 자료를 잘못 사용하는 실수가 있어 동료가 시무룩해 있다. 나는 그 동료를 응원하고 격려해 주고자 한다. | |
| 식사 중, 누군가 내 작업을 형편없다고 평가하며 불쾌한 감정을 느끼게 했다. | |
| 상사가 무리한 부탁을 해 왔다. 나는 예의를 지키면서도 정중하게 거절하고 싶다. | |

여러 가지 이해관계가 얽힌 직장에서 긍정적 대인관계를 유지하는 의사소통을 실천하기는 쉽지 않은 일입니다. 하지만 올바른 의사소통 방법을 연습하면 누구든 그 자리에서 자신의 의견과 감정을 표현할 수 있습니다. 다음에 이어지는 의사소통 방법을 익히고 따라 한 후에 다시 답변을 작성해 봅시다.

### ㅁ 기분 좋은 의사소통 첫걸음, 자세하게 칭찬하기

'칭찬은 고래도 춤추게 만든다.'라는 말은 다들 잘 알고 계시지요? 고래도 춤출 만큼 기분 좋은 게 칭찬인데, 우리는 왜 일상에서 자주 칭찬하는 습관을 갖지 못하는 걸까요?

그건 바로 '어떻게' 칭찬해야 하는지 잘 모르기 때문입니다. 올바른 칭찬 방법을 알게 되면, 여러분도 금방 칭찬의 달인이 될 수 있습니다. 올바른 칭찬 방법 중 대표적인 세 가지로, ① 구체적으로 칭찬하기, ② 결과보다 과정 칭찬하기, ③ 표정을 사용하여 칭찬하기가 있습니다.

이 세 가지를 유념하여 칭찬하기 연습을 해볼까요? "○○ 님, 이번 보고서 굉장히 열심히 준비하셨나 봐요. 이해도 잘 되고 자료 보기도 편했어요. 특히 원자재 비교 자료 차트 구성이 좋더라고요." 상대방을 쳐다보며 웃는 표정으로 칭찬하는 것도 중요합니다. 말뿐만 아니라 표정과 행동을 통해서 사람의 진실성을 느낄 수 있기 때문이에요. 그리고 여러분이 칭찬받는 상황에 놓인다면 "아니에요." "그렇지 않아요."라며 부정하기보다는, "감사합니다."라고 말하며 칭찬을 수용해 보는 게 어떨까요?

### ㅁ 기분 좋은 의사소통 두 걸음, 나 전달법

'나 전달법'이란 '나'를 주어로 하여 상대방에게 나의 의사와 감정을 전달하는 방법을 말해요. 예를 들어, "네가 싫어."라는 말을 들었을 때 우리는 "너 왜 그렇게 말해?" "너 정말 못됐구나."라고 반응하기 쉽습니다. 하지만 이럴 때, '나'를 주어로 하여 "나는 그런 말을 들으면 속상해." "나는 너와 사이좋게 지내고 싶어."라고 말하면 나의 감정과 상황을 정확하고 솔직하게 전달하여 불필요한 말다툼과 분쟁을 피할 수 있습니다. 나아가 서로 관계를 회복하는 데 중요한 계기가 될 수 있습니다.

**□ 기분 좋은 의사소통 세 걸음, 현명하게 거절하기**

직장에서 거절하기란 쉽지 않습니다. 특히 상사가 무리한 부탁을 하면 더욱 곤란해지는데요. 그럴 땐 당황하지 말고 이렇게 대처해 봅시다. "죄송하지만 생각할 시간을 조금 주십시오."라고 말하여 시간을 확보한 후 부탁을 수용할지 거절할지 충분히 생각합니다. 거절하기로 했다면 상대가 이해할 수 있는 충분히 합리적인 이유를 준비하여 예의를 지키며 말합니다. "○○님, 제안 정말 감사하지만 제가 지금 맡은 프로젝트 마감 기한이 얼마 남지 않아 부탁을 들어드리기 어려울 것 같습니다." 마지막으로 가장 중요한 것은, 거절을 두려워하지 않고 거절의 부작용이 생각만큼 크지 않다는 자각을 하는 것입니다.

앞에서 읽은 기분 좋은 의사소통 방법을 바탕으로 다시 대답을 작성해 봅시다.

| 상황 | 대답 |
| --- | --- |
| 업무 보고 발표를 전반적으로 잘 마쳤지만, 일부 자료를 잘못 사용하는 실수가 있어 동료가 시무룩해 있다. 나는 그 동료를 응원하고 격려해 주고자 한다. | |
| 식사 중, 누군가 내 작업을 형편없다고 평가하며 불쾌한 감정을 느끼게 했다. | |
| 상사가 무리한 부탁을 해 왔다. 나는 예의를 지키면서도 정중하게 거절하고 싶다. | |

### 덧붙이기

우리는 삶을 살아가며 여러 가지를 성취하기 위해 노력합니다. 주로 나의 실력을 향상시키고 남들보다 앞서가야 한다는 마음으로 분주하게 살아가죠. 하지만 이따금 우리는 좋은 대인관계를 맺기 위해 스스로 어떤 노력을 하고 있는지 돌아볼 필요가 있습니다. 좋은 관계를 새로 만들거나 유지하는 일도 충분한 노력이 필요합니다. 성과에만 집중한 나머지 자신의 주위 관계를 돌아보지 못하지 않았는지, 어떻게 하면 내가 좋은 관계를 형성할 수 있을지 고민해 봅시다.

# 부록

부록 1 하루 일과

부록 2 매트릭스 활동지

부록 3 미끼 찾기 활동지

부록 4 나의 마음속에서는 어떤 일이?

<부록 1>

# 하루 일과

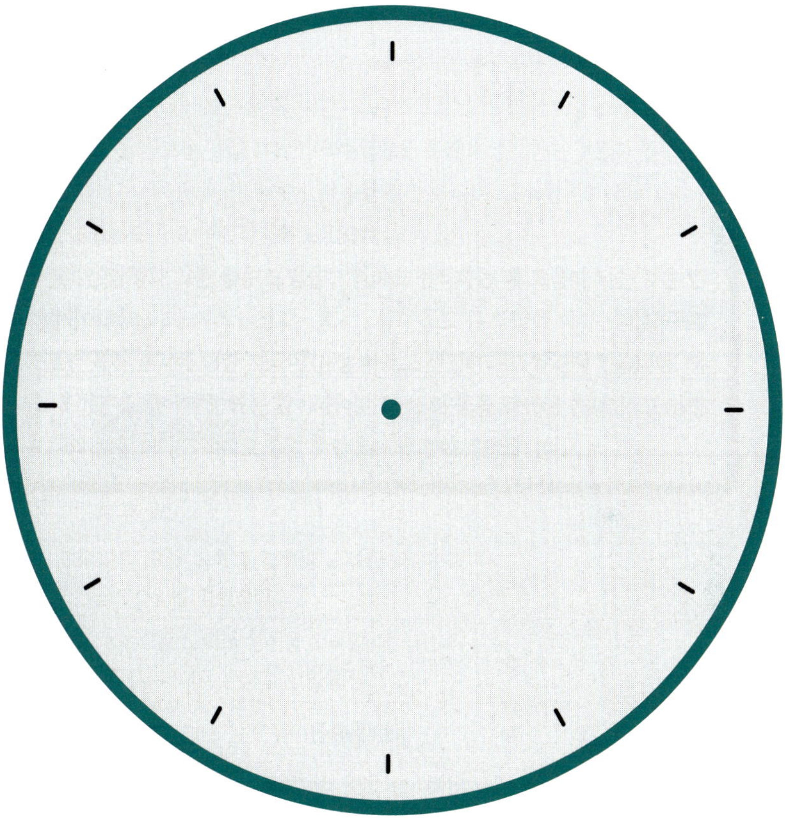

<부록 2>
# 매트릭스 활동지

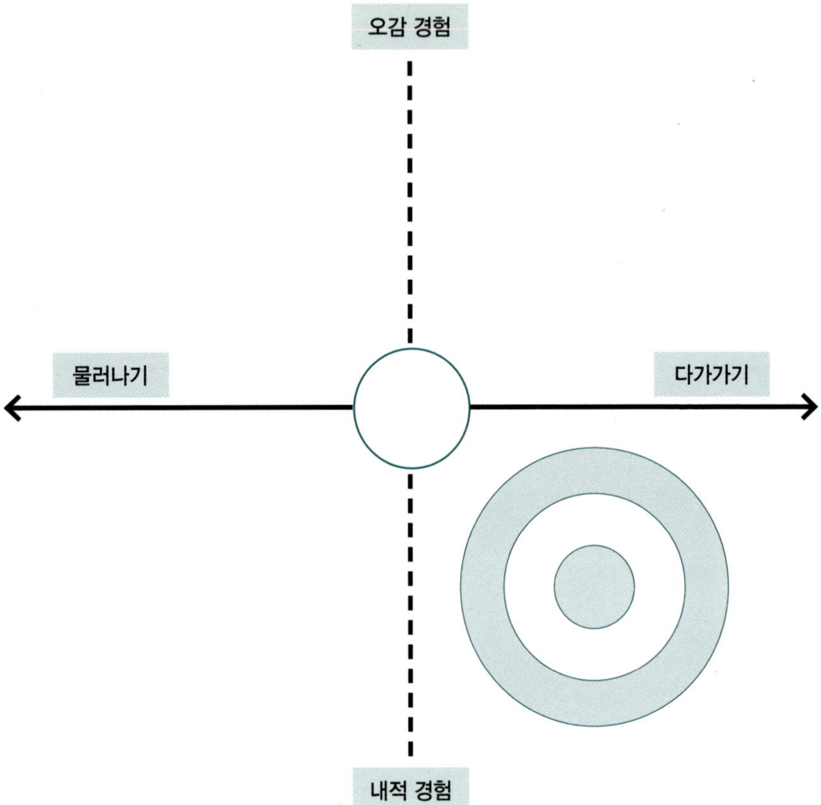

<부록 3>

## 미끼 찾기 활동지

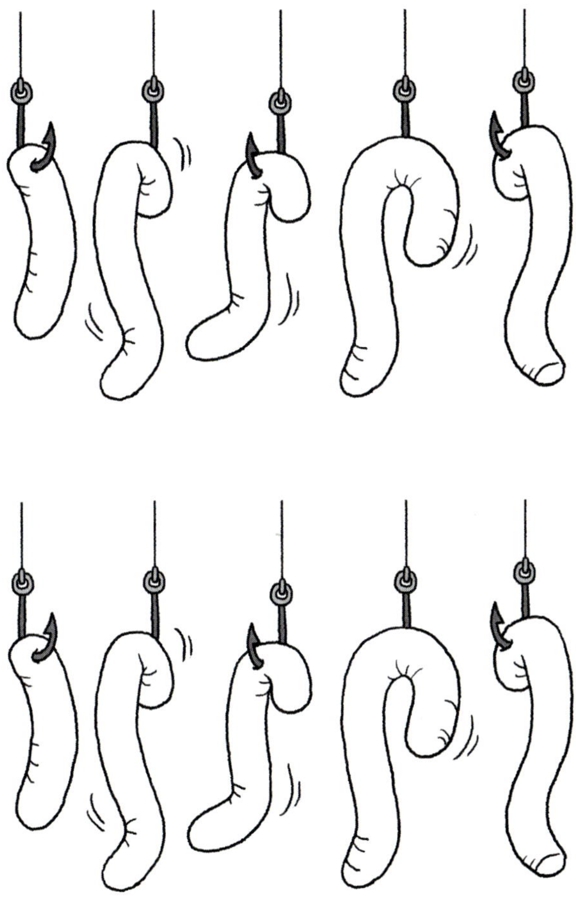

## <부록 4>
# 나의 마음속에서는 어떤 일이?

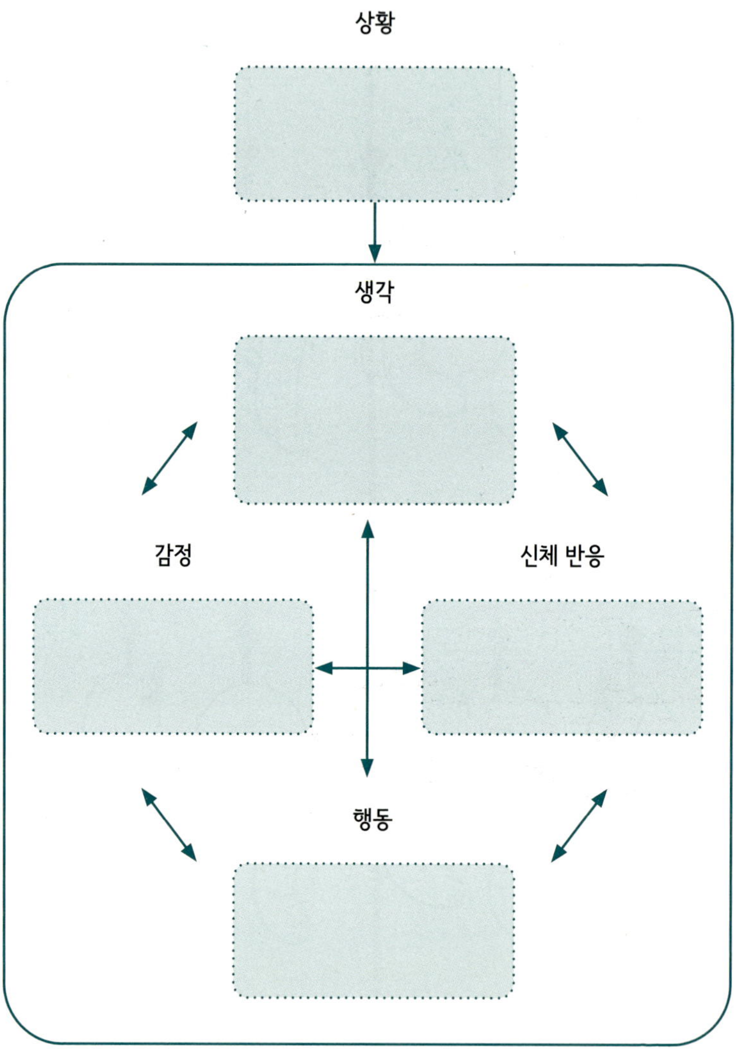

# 참고문헌


김인자(2006). 긍정심리학: 진정한 행복 만들기. 물푸레.

신강현(2003). 일반직 종사자를 위한 직무 소진 척도(MBI-GS)에 대한 타당화 연구. 한국 심리학회지: 산업 및 조직, 16(3), 1-17.

한국산업안전공단(2022. 12.). 직무스트레스요인 측정지침.

보건복지부 국립정신건강센터(2020). 마음 안정화를 위한 근육이완운동. YouTube. https://youtu.be/j6ICKnpn054?si=M0fofH87G5tiKYbu

보건복지부 국립정신건강센터(2020). 마음 안정화를 위한 복식훈련 기법. YouTube. https://youtu.be/qkDjMJkLxIo?si=mBadr3SGKt-tWt30

국민일보(2021. 02. 20.). '회사는 지옥' 스트레스가 질병이 되는 순간.

메디컬투데이(2018. 05. 14.). 업무 스트레스로 인한 정신질환 산재 신청 급증.

서울신문(2017. 11. 16.). 직무 · 상명하복 스트레스 겹치면 우울증 위험 최대 12배.

연합뉴스(2025. 10. 14.). "정신건강정책 집행 복지부 직원 75%는 '우울 · 불안 위험군'".

오마이뉴스(2025. 10. 13.). 과중한 업무 스트레스, 안타까운 교사의 죽음 … 애도 물결.

O'Donovan, A., Tomiyama, A. J., Lin, J., Puterman, E., Adler, N. E.,

Kemeny, M., Wolkowitz, O. M., Blackburn, E. H., & Epel, E. S. (2012). Stress appraisals and cellular aging: A key role for anticipatory threat in the relationship between psychological stress and telomere length. *Brain, Behavior, and Immunity, 26*(4), 573-579.

Jacobson, E. (1938). *You can sleep well: The ABC's of restful sleep for the average person.* Whittlesey House (McGraw-Hill).

Keller, A., Litzelman, K., Wisk, L. E., Maddox, T., Cheng, E. R., Creswell, P. D., & Witt, W. P. (2012). Does the perception that stress affects health matter? The association with health and mortality. *Health Psychology, 31*(5), 677-684.

Peterson, C., & Seligman, M. E. P. (2004). *Character strengths and virtues: A handbook and classification.* Oxford University Press; American Psychological Association.

Polk, K. L., Schoendorff, B., Webster, M., & Olaz, F. O. (2016). *The essential guide to the ACT Matrix: A step-by-step approach to using the ACT Matrix model in clinical practice.* New Harbinger Publications.

Prochaska, J. J., & Sallis, J. F. (2004). A randomized controlled trial of single versus multiple health behavior change: Promoting physical activity and nutrition among adolescents. *Health Psychology, 23*(3), 314-318.

## 저자 소개

**문광수**(Moon, Kwangsu)

중앙대학교 대학원 심리학과 석사/박사(산업 및 조직심리학 전공)
중앙대학교 학사(심리학 전공)
건강심리전문가(한국건강심리학회)
코칭심리사 1급(한국코칭심리학회)
전 한국원자력연구원 선임연구원
　서울특별시 직원 안심직장 체계 구축 자문위원
　한국산업안전보건공단 미래대응위원회 위원
현 중앙대학교 심리학과 부교수
　한국건강심리학회 이사, 코칭심리학회 이사

**조성근**(Cho, Sungkun)

University of Hawaii at Manoa 박사(임상심리학 전공)
Illinois Institute of Technology 석사(임상심리학 전공)
중앙대학교 학사(심리학 전공)
서울신학대학교 학사(신학 전공)
미국공인심리학자(하와이주)
정신건강임상심리사 1급(보건복지부)
임상심리전문가(한국임상심리학회)
건강심리전문가(한국건강심리학회)
인지행동치료전문가(한국인지행동치료학회)
전 충남대학교 심리성장과자기조절센터 센터장
현 충남대학교 심리학과 교수
　한국건강심리학회 회장

삶, 직장에서 흔들리는 나를 위해
STANDING
직무 스트레스 해소 워크북

Job Stress Relief Workbook

2026년 1월 15일 1판 1쇄 인쇄
2026년 1월 20일 1판 1쇄 발행

지은이 • 문광수 · 조성근
펴낸이 • 김진환
펴낸곳 • (주) 학지사
04031 서울특별시 마포구 양화로 15길 20 마인드월드빌딩
대표전화 • 02)330-5114 팩스 • 02)324-2345
등록번호 • 제313-2006-000265호

홈페이지 • http://www.hakjisa.co.kr
인스타그램 • https://www.instagram.com/hakjisabook

ISBN 978-89-997-3610-0 93180

정가 10,000원

저자와의 협약으로 인지는 생략합니다.
파본은 구입처에서 교환해 드립니다.